アクセンチュアの
プロが教える

AI時代の
実践データ
アナリティクス

保科学世＋
アクセンチュア
ビジネス コンサルティング本部 AIグループ

日本経済新聞出版

はじめに

　多くの企業はいまだに、アナリティクス/AIを大きなビジネス価値創造につなげることができていません。場当たり的なデータ分析に留まり、ビジネスの意思決定に分析プロセスが組み込まれていない、あるいはPoC（Proof of Concept; 取り組みの実現可能性・効果を技術的な観点で検証する実証実験）を実施したものの、継続的にビジネスにアルゴリズムを組み込めていないのが実情ではないでしょうか。

　AIを導入するプロジェクトでは、従来のソフトウェア導入プロジェクトとは異なり、俊敏性、柔軟性をもって、アイデアを具現化すべきか破棄すべきかを判断する能力が必要です。

　新しい技術であるAIの導入において、従来のシステム構築手法を採用し、自社用のアルゴリズムをゼロから開発するという選択は望ましいことではありません。すでに実績があり、短納期かつ低コストで利用できるアルゴリズムやAIエンジンは多数存在しています。AI導入を成功させるための最初のスモールステップとして、既成の仕組みを用途に応じてカスタマイズして素早く部分活用し、真価をいち早く実証することが最も重要です。

　もちろん、テクノロジーばかりにとらわれてはいけません。アルゴリズムを活用する方法も、他の施策と同様に、ビジネスのビジョン・戦略に基づいて決定されるべきです。AIの本格導入を成功に導くためには、データサイエンティストだけではなく、専門スキルを持つ多様な人材が協働できる適切な方法を見つけることにも注力する必要があります。

　常に求める成果をイメージし、プロジェクトの初期段階から、適切なガバナンス・アプローチを採用すべきです。これらの重要な成功要因を

考慮し、分析アルゴリズムをビジネス全体に最適に組み込むことで、新しい、爆発的な価値を引き出せるようになります。

　アクセンチュアが実施した日本を含む世界12か国、16の業界にわたる企業の経営幹部1,500人への調査「AI: Built to Scale（ビジネス全体でAIを活用する）」によると、日本企業の経営幹部の77%（グローバル全体では75%）が、AIをビジネス全体に積極的に導入しなければ、2025年までに著しく業績が低下するリスクがあると考えていることが明らかになりました。

　また、グローバル全体で、経営幹部の84%が、AIの幅広い活用はビジネス戦略に不可欠であると考えている一方で、単なる試験導入ではなく、AI機能を本格的に備えた組織の構築を実現している企業はわずか16%に留まっているという結果が出ています。そして、この16%のトップ企業は、その他の企業と比べてAI投資から3倍近い投資対効果を得ていることも明らかになりました。

　AIの本格導入に成功したトップ企業の特長として、他企業と比べて2倍近くの実証実験を行い、はるかに速いペースでAIの本格導入を進めています。しかも、AIへの注力が必ずしも支出拡大につながるわけ

図0-1　概念実証（PoC）段階の企業とAIの本格導入に成功している企業とのAI投資収益率（ROI）の差は平均1.1億USドルに相当

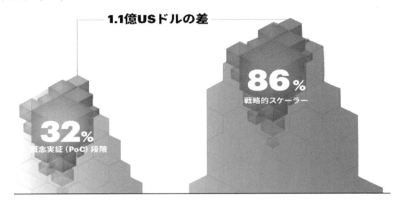

ではなく、トップ企業はそうでない企業に比べ、実証実験や本格導入における AIへの投資レベルが必ずしも高くないことが明らかになっています。すなわち、規模は小さくても数多くのチャレンジをしていくことが重要です。

その際、データ、戦略、人材という基本事項から着手するべきでしょう。アクセンチュアの調査によると、95%の企業が、AIを本格活用するための基盤としてデータの重要性を指摘しています。

中でもトップ企業は、データ資産を適切に管理し、67%が社内外のデータセットを効果的に統合。持続的な成長に必要な俊敏性を備え、柔軟なビジネスプロセスを導入した上で、AIアプリケーションを幅広くエコシステムに統合しています。

戦略的な企業は成功を収めるものだと思われるかもしれませんが、**AIの導入が進むトップ企業とそうではない企業の違いは、戦略的であることだけではなく、意図的にアルゴリズムの力を活用しているか否か。**
解決すべきビジネス課題を明確化し、戦略的思考に基づいてどのようなアルゴリズムが適しているのか検証してから、試験導入、そして本格導入を実施しているのです。

AIはもはやバズワードではなく、新しいビジネス価値と競合優位性の源泉になりつつあります。データが急増し、データがさらなるデータを生む現代では、膨大なデータを集めることが可能。しかし、収集するデータが多ければ多いほど効果が高まるということはありません。

強固なデータ戦略に基づいて成果に必要なデータを適切に収集・分析し、その結果得られるインサイトを活用することで、迅速かつ広範な成果を実現するAI戦略を推進することができるようになるのです。

データ駆動により得られる連続的なインサイトを最大限に活用するためには、アルゴリズムの導入と同時にビジネス戦略の調整を行い、調和の取れたアプローチで「フィードバックループ」を構築し、意思決定に

明示的に組み込むことが重要。そのためには、データをビジネスの中心に据えて、俊敏性を備えたインタラクティブな意思決定と開発を行う新たな手法が必要です。

　本書では、基礎的な分析手法から、機械学習を用いた実践的なビジネス課題の解決方法まで幅広く紹介。これからのAI社会においてすべてのビジネスパーソンが最低限理解しておくべき、AI・データサイエンスの基礎を筆者らの実際の経験もふんだんに盛り込みながらまとめています。こうした手法を理解した上で、なにより大切なのは、データに基づいた意思決定を業務の中核に組み込むことといえるでしょう。

アクセンチュアのプロが教える
AI時代の実践データ・アナリティクス

CONTENTS

<table>
<tr><td>第</td><td>**7**</td><td>章</td></tr>
</table>

ビジネス活用時に ぶつかりやすい壁

第 1 章

課題定義・仮説立案

本章ではAI・データサイエンスのプロセス・アプローチの全体像を紹介します。AI・データサイエンスをビジネスにおいて本格活用するためには、データ、戦略、人材という基本要素をおさえ、データから得られるインサイトを迅速に取り入れる必要があります。

ここからは、AI・データサイエンスが実際のビジネスではどのようなプロセス・アプローチを経て適用されているのかを紹介します。

また、そのプロセスの中で基礎となり、かつ最も重要といっても過言ではない「達成すべきことは一体何なのか」という目的設定を明確にするためのステップである、課題定義・仮説立案について詳細を説明します。

1-1 データサイエンスを活用した分析プロセス全体像

　データサイエンスと聞くと、難しいアルゴリズムを用いてデータを分析することをイメージする方が多いかもしれません。しかし現実は必ずしもそうではありません。

　現在のように多種多様なデータを扱うことができる時代だからこそ、「なんとなく」で分析を開始してしまうと、「あれもこれも」と明確な目的設定も分析仮説もないまま解析作業に入ってしまい、大量のデータの海に溺れてしまったり、モデル構築にこぎつけても実運用に結びつかないモデルを構築してしまったりと、ビジネス価値を生み出さない、工数をかけた数字遊びをすることになりかねません。

■ 1　データサイエンスを活用した分析プロセス

　「はじめに」でも述べましたが、**収集するデータが多ければ多いほど**

図表1-1　データサイエンスを活用した分析プロセス全体像

	発射台・的の設定		データ分析				業務展開
ステップ	課題定義	仮説立案	データ収集・加工	データ探索	分析手法選択	統計検定・モデル構築	業務への展開
概要	ビジネスとデータの現状把握と課題の明確化（発射台） 課題の優先順位付けとターゲットの設定（的） 改善施策の方針立案・策定	定めた改善施策に対する分析仮説を洗い出し 仮説検証に必要なデータ・方法の洗い出し 仮説の優先順位付け、絞り込み	仮説検証に必要なデータを選別/収集 分析目的に応じたデータ加工・クレンジング	基本統計量や可視化による基本情報の把握 データ分析に有効なデータ項目（変数）選別 探索結果に応じ、必要があれば再度加工	下記情報をもとに分析手法選択 データの性質（量的か、質的か等） 分析の目的（過去の傾向が知りたいのか/将来を予測したいのか）	統計手法を用いた解析の実施（検定、分析モデル構築、機械学習など） 実業務と照らした分析結果の評価・解釈 分析モデルの高度化・チューニング	得られた示唆を用いた施策の実施 継続的な分析を用いた業務プロセスの運営方法、システム化の検討

効果が高まるということはなく、しっかりとしたビジネス戦略・分析目的を立てた上で解析を行い、インサイトを活用する必要があります。

　実際のビジネスに生きるデータサイエンスを行うために、どのようにプロジェクトを進めるべきなのか、まず全体像（図表1-1）を示しました。

　データサイエンスを活用した分析プロセスは、大きく3つのフェーズで構成されます。

①発射台・的の設定

- 課題定義…現状課題を把握し（**発射台の設定**）、分析で達成すべきビジネスゴールを定める（**的の設定**）
- 仮説立案…具体的な分析アクションを立てるべく、分析仮説を設定する

②データ分析

- データ収集・加工…分析に使用するデータを収集し、必要な加工を施す
- データ探索…集計・可視化を用いて、データの基本傾向を把握する
- 分析手法選択…分析目的やデータの性質を考慮し、適切な分析手法を決定する
- 統計検定・モデル構築…統計検定やモデル構築を行い、必要に応じてチューニング・高度化を行う

③業務展開

- 業務への展開…構築したモデルを実運用するためのプロセスやシステム構築の検討を行う

　データサイエンス、と聞いてイメージしやすいのは統計解析手法を用いたプログラミング作業だと思いますが、実は、その他のステップをど

れだけ丁寧に、かつ正確に実施できるか——がプロジェクトを成功に導く秘訣です。

最初のフェーズである「**発射台・的の設定**」は、プロジェクトで扱う課題・ビジネスゴールを明確化する非常に重要なステップです。課題やビジネスゴールをデータ活用により解決するために必要な、具体的なアクションである分析仮説も、本フェーズで立案します。この分析仮説の立案については本章後半で詳細に説明します。

次の「データ分析」フェーズは読者の皆さんもイメージしやすいかと思います。まずは「データ収集・加工」にて実際にデータを収集し、クレンジングなど必要な加工を施すことで分析に使用可能なデータを作成します。その後、「データ探索」にてデータの基本情報をしっかりと把握することで、適切に「分析手法選択」が可能となり、さらに実際の「統計検定・モデル構築」へと進むことができます（データ収集・加工・探索については第2章で紹介します）。

「統計検定・モデル構築」では多変量解析や機械学習の分析モデルを構築（プログラミングすることもあれば、市販されているツールを使用することもあります）し、結果を確認しながら精度検証やチューニングを行う行為を指します（モデル構築については第3章以降で紹介します）。

最後に重要なのが「業務展開」のフェーズです。ビジネスでデータサイエンスを活用するにあたって、分析をどのように業務プロセスに組み込んでいくか、またはシステム化をして定常的に分析を利用できるようにするか、という実際のビジネスに展開していくために、「業務展開」のフェーズは非常に重要な意味を持ちます。

■ 2　ビジネスへの本格展開に向けて

「はじめに」の冒頭でも述べましたが、**AI・データサイエンスのプロジェクトはPoC（Proof of Concept; 取り組みの実現可能性・効果を技術的な観点で検証する実証実験）で終わることが非常に多く見られます**。筆者らがプロジェクトを推進する際に、クライアントからデータを受領し解析を行ったものの、その結果を実際に業務に組み入れる・システムに反映

する、という業務への本格展開にはハードルがあることも事実です。

　しかし、昨今 AI・データサイエンス活用の必要性の高まりを受け、本腰を入れて業務に反映しようという強い意志をもって PoC に臨む企業が増えているようにも感じます。

　本格的にビジネスで AI・データサイエンス展開をする上で非常に重要となるのが、データ・戦略・人材であることは述べましたが、その中でも経営層の理解促進、経営層からのバックアップの獲得、また現場の業務部門との意思疎通・連携は大切です。

　実際に分析結果を使用する業務部門の人々の意向もくみ取りながら、どのような解析結果・形式・内容であれば活用しやすいのか、丁寧に検討する必要があるとともに、それを経営判断層まで届けることで、定常業務へ組み込むための改革推進やビジネスコストの確保が可能となります。

　まだまだ日本においては、**PoC を乗り越え本格展開にたどり着いている企業は少ないのが実情ですが、分析プロセスの初期段階からこの業務展開を意識して作業計画を立てることが、本格展開までこぎつける一つのポイント**といえるでしょう。

■ 3　ビジネス仮説を伴わない探索的なアプローチ

　本章で紹介するアプローチについて、やや古典的だと感じる方もいるかと思います。ここで紹介しているアプローチは、以前から筆者らが実施しているデータサイエンスプロジェクトにおける王道であり、これから AI・データサイエンスを始める方には、基本としてしっかりとおさえていただきたいアプローチです。とはいえ、近年、アプローチも多様化していることにも言及したいと思います。

　特に分析仮説の立案について、従来の方法論（本章後半で詳細を説明します）では、課題定義で明確化したビジネス課題に対して、具体的な分析アクションを明確化するために、現場の意見を取り入れながら細かく分析仮説を立てて進めることを必須としていました。

　もちろん、現場の意見を取り込みながら仮説立案をしっかりと行い、

分析に入ることは現在でも非常に有効であり、本章でも具体的な方法について紹介している重要ポイントです。

　一方で、近年、対極のアプローチとして、**仮説を明確には立てず、大量のデータから仮説・示唆を得るという方法も重要になってきています**。まずモデルに多くのデータを投入して、結果を見ながら仮説や示唆について考えてみよう、という方法です。

　教師なし機械学習のように、明確な正解データがなく、探索的に未知のデータパターンや類似グループを見つけるようなデータ解析をするアプローチもこれに近いといえるでしょう。これは大量のデータの取得、アルゴリズムの発達、コンピューティング処理能力の向上、サーバの低価格化という条件がそろった今だからこそ可能になったアプローチであるともいえます。

　言うまでもなく、明確な仮説なきところから大量のデータをもとに仮説・示唆を得るというのは、ある程度高度なデータサイエンススキル・経験が求められますが、このようなアプローチも現在では選択肢の一つとして重要です。

　また、他には強化学習的なアプローチも選択肢の一つです。強化学習については第6章で紹介しますが、強化学習は環境（囲碁であれば囲碁のルール）の中で最大の報酬（対局で勝利する可能性）を得られるよう、自ら行動ルールを学習して賢くなる手法です。

　強化学習では、学習データや正解データがない状況下においても、行動に対する報酬が評価できる環境があれば、試行錯誤的に最適な選択肢を学習しながら分析モデルを構築することが可能です。環境や報酬は自動運転などのようにシミュレータを利用する場合もありますし、広告出稿の最適化などのように実世界での結果を報酬として利用する場合もあります。強化学習を用いた広告出稿の最適化は、これまで人が行ってきたABテスト（2つのウェブページを用意し、効果を比較する）を、機械により代行させるようなイメージです。

　AI・データサイエンスにおいて、これまではデータをもとに、仮説を立てて分析を進めることが基本でしたが、そもそもデータが得られな

いような場合や、大きな道筋（ビジネス課題）は見えているものの、どのように達成すればよいのかわからないような状態において、強化学習を用いて試行錯誤でデータの活用方法・戦略・仮説の方向性を定めていくアプローチも、これからはより重要になってくるでしょう。

　本章では、基本的なAI・データサイエンスのアプローチの具体的な手法に焦点を当てますが、上述したようにデータから示唆を得るようなアプローチや、強化学習的なアプローチも存在する、ということも念頭に置いてください。ただ、こういった比較的新しいタイプのアプローチを取る場合においても、得られた結果を正しく解釈し、実効性のあるオペレーションにつなげるためには、本章で説明していく基本はおさえておくべきです。

1-2 チーム編成と役割

ここまで分析プロセスの全体像の概要を紹介しましたが、課題定義と仮説立案の具体的な方法の説明に入る前に、プロジェクトを始めるにあたって必要不可欠な要素である人材・チーム編成に話を移そうと思います。

■ 1 データサイエンティストのスキルセット

皆さんが分析プロジェクトを立ち上げる際に、まず検討するのが「どのような体制で実行するのか」という人員の確保ではないでしょうか。どれだけデータを活用したいと考えても、それを担う人材・チームがいなければ、話は進みません。

そもそもデータサイエンティストと呼ばれる人々はどのようなスキルセットを持つ人材でしょうか。

データサイエンティストとは、一般的には、統計解析技術を用いて様々なビジネス課題・社会課題を解くことができる人材を指しますが、もう少しスキルをブレイクダウンすると、次の3つの要素を持つ人材であるといわれています（書籍や記事によって表現は様々ですが、本質的に言わんとすることは同じです）。

下記3つのスキルを持つ人材をデータサイエンティストと呼びます

図表1-2　データサイエンティストのスキルセット

① **データサイエンスを支える統計知識**
   統計学、多変量解析、機械学習などの専門知識・スキル
② **データを活用してビジネスを企画する力**
   データを活用するためのビジネスや業界の知識・スキル
③ **データサイエンスを実現するIT技術力**
   分析基盤やアプリ開発などのIT技術に関する知識・スキル

図表1-3　データサイエンティストのスキルセット

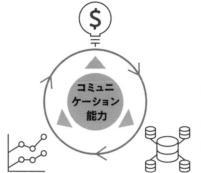

が、筆者らは3つのスキルに加え、それらのスキルを適切にアウトプットするコミュニケーション能力を重視しています。

　小難しい統計用語を連発されても、ビジネスの現場で働く方や経営層の心は動きません。相手の課題を読み解くとともに、現場から有力な仮説を引き出し、適切に結果を伝えながら問題を解決するためには、コミュニケーション能力を用いた"つなぐ"力を持つデータサイエンティストが、ビジネスにおけるAI・データサイエンスでは最重要の人材だといえます。

　また、一人ひとりの人材がこれらのスキルを完璧に保持することは非常に稀です。4つすべてのスキルを持つ人材は市場価値がとても高く、多くの企業において取り合いが続いている状況です。

　とはいえ、これらすべてを備える人材が社内に見当たらない、とあきらめる必要はありません。データサイエンスのプロジェクトを実施するにあたって重要なのは、これら4つのスキルをうまくチームとして保持することです。

図表1-4　つなぐデータサイエンティストの重要性

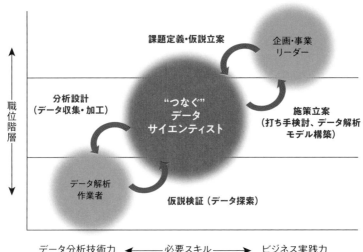

課題定義・仮説立案

企画・事業
リーダー

分析設計
（データ収集・加工）

"つなぐ"
データ
サイエンティスト

施策立案
（打ち手検討、データ解析
モデル構築）

職位階層

データ解析
作業者

仮説検証（データ探索）

データ分析技術力　◀━━　必要スキル　━━▶　ビジネス実践力

　もし社内の人材のみで必要スキルをもつチームを編成できない場合
は、外部のコンサルタントやAI関連ベンダーの利用、市販サービスに
より代用することも視野に入れる必要があります。
　また、昨今のAIブームの中で、組織に関する意識や方向性も変わっ
てきています。PoCで終わらずデータ活用を全社に浸透させたい、DX
（デジタルトランスフォーメーション）を推進するための重要な要素としてデ
ータサイエンスを捉えている…といった企業が増える中、上述したデー
タサイエンティストのみではなく、データ基盤・環境を扱うデータエン
ジニア、データサイエンスをシステム運用に落とし込むための設計・開
発を担うデジタルアーキテクト、データのセキュリティを担保するため
のセキュリティ部門、AIエンジン[*1]の幅広い知識を持つAIエンジニア
等、AI・データサイエンスに関する部署間での幅広い連携や能力の充
足が求められる場面は非常に多くなっています。
　PoCレベルであれば、データサイエンティストを中心に、主にデータ
抽出を行う部門と業務部門が連携すればデータ分析作業は可能な場合が

多いと考えられます。一方で本格運用や全社展開を見据えれば、上述したようにシステム改編も含め、幅広いチーミングも不可欠といえるでしょう。

■ 2 　代表的なＡＩ・データサイエンスの組織体系

近年、組織横断的に前述したような機能を持つ**データサイエンスCoE**（**C**enter **o**f **E**xcellence; 組織を横断する部署や研究拠点・役割）を配置し、全社のデータ活用を集中型で行う企業も増えています。専門スキルを持つデータサイエンティスト・ＡＩエンジニア等をCoEに集中配置することで、多部門から上がってくる課題をデータドリブンでどのように解決すべきか、ＡＩ・データサイエンスをどのように課題解決に活用できるか、専門知見を用いて注力的に推進することができます。

また、別の組織体系として**ハブ・アンド・スポークモデル**という考え方も登場しています。これは部門横断型のCoEを「ハブ」として設置し、ビジネスユニットごとに自律したＡＩチームを「スポーク」として分散配置するモデルです。部門ごとに高度に自律したＡＩチームを配置するこの「分散型」モデルでは、各部門にフォーカスして成果創出を実現することができます。部門特有の課題に素早く取り掛かることができ、また業務理解・知識を持った上で課題解決が可能であることが大きなメリットです。ただし、このモデルは各部門にＡＩ人材・データサイエンティストを要するため、一般的なCoE型の組織よりも豊富な人材が必要です。

いずれにしても、**ＡＩ・データサイエンスの活用を目指すにあたり、企業はビジネス目標とＡＩ成熟度に応じた最適な人材配置モデルによるアプローチを選択することが重要**であり、効果を最大化するためにはいずれの場合も、**データサイエンスやデータ活用に通ずる部門の人間と、業務サイドの人間が手を取り合ってプロジェクトを進めることが必須**だといえます。

1-3 　課題定義

　分析プロセスの全体像とそれに関わるチーム編成の次は、分析プロセスの最初のフェーズである発射台・的の設定（課題定義・仮説立案）について具体的な方法を見ていきましょう。

■ 1　発射台・的の設定

　最初のフェーズである**「発射台・的の設定」でやるべきことは「課題定義」と「仮説立案」**です。本フェーズは、「自社・自部門の課題を見極め（発射台＝自分の足元・現状をしっかりと把握して問題を見極めること）、分析の方向性（的＝ビジネスゴール、改善施策の方向性）を定める」という分析プロセスの中で最も重要な役割を担っています。

　これは何も分析プロジェクトゆえの特別なプロセスというわけではありません。一般的な他の取り組みであっても、ビジネス課題に取り組む際には必ず「目的設定」を実施します。「発射台・的の設定」は、この「目的設定」を数値的根拠も踏まえてしっかりと行うためのフェーズであると理解いただければよいと思います。本節では課題定義と仮説立案について、実際の進め方を確認していきます。

■ 2　課題定義

　「課題定義」とは文字通り、ビジネスゴールの達成のために解決すべき課題が何であるのかを明確に定義することを指します。ビジネスゴールとは例えば、「売上を1年間で1.5倍にしたい」「インバウンド観光客を3年後までに2倍に増やしたい」「提供サービスの顧客解約率を1年間で2割減少させたい」等、企業・部門によって様々です。

　課題定義は企業として当たり前のことのように思われますが、筆者らがクライアントから受ける依頼には「データを蓄積してはいるが何に活用すればよいかわからない」「経営層から今流行りのAI・データサイエンスを自社で活用するように言われたため、活用可能な領域を探してほ

しい」など、ビジネス課題が明確でない場合も多々あります。

　デジタル活用が叫ばれる昨今においては、AI・データサイエンスに関わる取り組みが増えたものの、データありきの取り組みであったり、DX推進の経営意思が先行して目標が定まっていなかったりと、課題が明確でないケースが多く存在します。当然、何も取り組まないよりはよいのですが、データが「何の課題」に対してどのように活用できるのかを定義することで、取り組みはより良いものになります。その意味でも、課題定義は分析を始める上で必要不可欠といえます。本ステップをいかに精緻に、リアリティをもって定義できるかによってプロジェクトの成否は大きく左右されますし、その後のビジネスに与えるインパクトにも大きく影響が出るということを意識してください。

■ 3　課題定義のステップ

　課題定義を行う際には、まずは企業の現場目線で多角的に課題を洗い出します。さらにその課題の中から優先的に取り組むべきものを選定し、プロジェクトのスコープを決定します。詳細なタスクとしては以下を想定してください。

　ここから少しイメージを具体化するためにビジネスケースをもとに考えていきたいと思います。あなたは大手クレジットカード会社であるA社の一員で、A社は短期延滞の発生額が業界平均の1.7倍（約400億円）高いという課題を抱えていたとしましょう。

> **課題：**
> 短期延滞の発生額が業界平均の1.7倍（約400億円）と高く、その後回収できず中期・長期化してしまった債権が約20億円発生しており、回収コストも膨大になっている

　A社は、この課題の解決に取り組むため、「1年で短期延滞による回収不能額を半分（10億円）以下にする」という目標を掲げ、特命チームを発足させました。メンバーは業務知識に富んだBさん、そしてデータサイエンスの知識はまだ乏しいものの、IT部門に所属しており、デー

図表1-5　既存情報の整理・ヒアリングの結果

実施作業	把握できた内容
既存情報の整理	短期の延滞額は、総取引高の0.25%（約400億円）発生。業界平均の1.7倍以上
	延滞額のうち、短期のうちに回収ができない額は延滞額の5%の約20億円にのぼる
	ブランド別に見ると、回収不能となる額は、ブランドDは14億円、ブランドEは6億円。それぞれの回収不能率はブランドDで5.6%、ブランドEで4.0%
関連部門へのヒアリング	コールセンター：架電応答率が低く、直接督促ができていない顧客が約20%もいる。後に回収不能になるのは、直接督促できていない人々が多い感触がある
	営業部：延滞金の支払方法が限定的で利便性が低いとの声が多数あり、架電で督促できても、その後回収できていない実感がある

タサイエンティストのポテンシャルがあるCさんです。

　本ケースでは、ある程度、課題は明確となっていますが、分析プロジェクトを開始するためには、課題をより詳細化して把握する必要があります。そこでBさんとCさんは既存情報を整理するとともにヒアリングを実施しました。

　既存情報の整理、関連部門へのヒアリングにより、課題の背景や詳細が徐々に明らかになってきました。

> **課題の背景・詳細：**
> - 短期延滞をブランド別に確認すると、ブランドDの方が規模・発生率・回収不能率ともに高く、ブランドDでの業務に何か問題がある可能性がある
> - 回収作業において、架電をしても応答してもらえず、督促できていない顧客が多く存在する
> - 電話で直接督促できたとしても、支払方法の利便性の問題から回収できていない場合も多い

　さて、このように課題を抽出し、ヒアリング等による詳細化を行った後に重要となるのが、課題の優先順位付けです。

　以下では、筆者らが課題を絞り込む際に重要視している「**オーダーオブマグニチュード**」という概念を用いながら、引き続きケースに照らし合わせて考えを進めていきます。

■ 4　オーダーオブマグニチュード

　詳細化された課題は、どれも非常に重要に思えます。しかし一気にすべての課題に対して手を打つことはなかなか困難です。リソース・コストが非常に潤沢な場合は別ですが、そうでない限り「どこから優先的に手を付けていくべきか？」という優先順位付けが非常に重要です。**オーダーオブマグニチュードとは、文字通りビジネスインパクトの大きさを考慮して、課題を絞り込むこと**を指します。

　具体的にどのような方法で「マグニチュード（規模）」を把握するかというと、本ケースの場合、A社のカードブランド別・架電応答の状況別（補足として顧客の延滞金単価別）のグループに分けて状況を把握することが有効な方法の一つです。

　このように定量的に把握すると、おのずとインパクトの大きいものを絞り込むことが可能となります。本ケースでは、①③に関連する課題を

図表1-6　ブランド別の回収不能額の規模

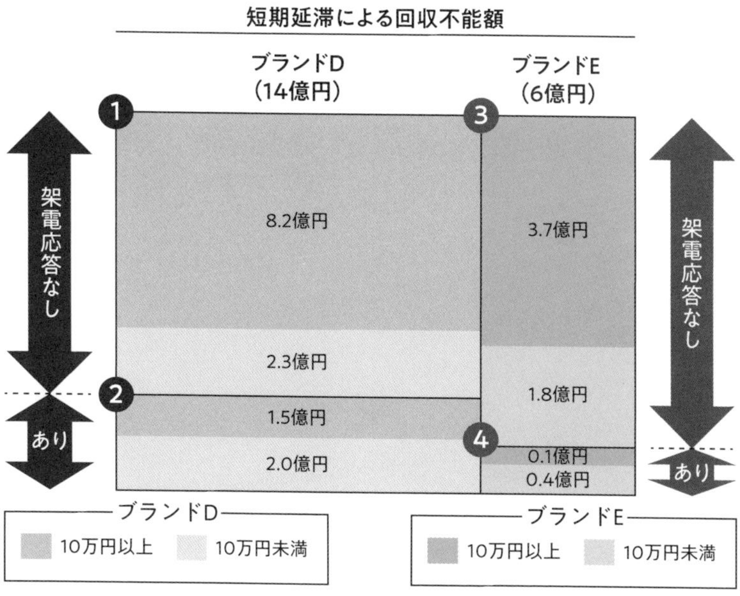

短期延滞による回収不能額

図表1-7　延滞顧客グループ別の延滞金額規模

#	延滞顧客グループ	延滞規模
①	ブランドDの延滞者のうち、架電に応じていないグループ（そもそもリーチできていない層）	10.5億円（10万円以上の延滞者が約8割を占める）
②	ブランドDの延滞者のうち、架電に応じているが回収できていないグループ	3.5億円（10万円以上と10万未満延滞者の割合はやや10万円未満の層の方が多い）
③	ブランドEの延滞者のうち、架電に応じていないグループ（そもそもリーチできていない層）	5.5億円（10万円以上の延滞者が約7割を占める）
④	ブランドEの延滞者のうち、架電に応じているが回収できていないグループ	0.5億円（10万円未満の延滞者が8割以上を占める）

優先的に取り扱うべき、ということがわかると思います。

　課題の優先順位付けを行う際に、オーダーオブマグニチュードと併せてよく用いられるのが「パレートの法則」という考え方です。別名「80：20の法則」「8：2の法則」ともいわれるこの法則は、全体の中で少数の要素が全体に対して大きな影響力を持っていることを意味する法

図表1-8　パレートの法則のイメージ

総量の80％は20％の要素で決まる

20%　80%　捨てるべき範囲

創出効果

課題
（効果の大きいものから並び替え）

則です。ビジネスで言えば、多くの取り組みや施策がある中で、実は大きなビジネスインパクトをもたらすのは創出効果の上位20%程度の少数の取り組み・施策であるという考え方です。

　パレートの法則での"20"側に含まれるような、効果が大きいことが期待される施策であっても、その施策を打つこと自体の難易度が高い場合や要するコストが高い場合などは、改善効果を得るまでに時間や予算が必要です。そのため、パレートの法則の考え方によって得られる改善施策効果だけで優先順位付けを行うのではなく、施策実施に至るまでの難易度・工数・リードタイム・費用（コスト）などを軸として考慮した上で検討しなければなりません。

　それでは今までにわかっている情報を元に考えてみましょう。効果と難易度で四象限を作ってマッピングしてみると、「ブランドD・Eにおいて架電応答をしてもらえていない（直接督促ができていない）延滞者に向けた督促施策」を検討するのが最も効率的であると考えられます。その中でも、高額延滞者をターゲットにすることはさらに有効でしょう。次に効率的だと考えられるのが「ブランドDにおける架電督促実施後

図表1-9　オーダーオブマグニチュードによる優先順位付け

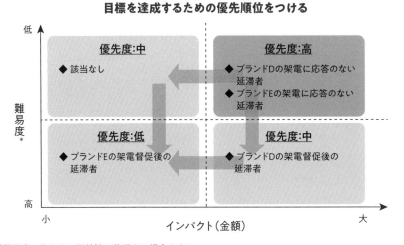

*難易度の代わりに即効性で整理する場合もある

の回収率向上」となることがわかります。

　本ケースでは、プロジェクトの大きな課題はすでに定義されており、その中でも詳細課題をどこに定めるのか、という観点で皆さんに実践的な方法を紹介しました。課題といってもそのレベル感はそれぞれで、一概に定義できるものではありません。しかし、このように**必要情報を整理し、多角的な課題抽出を行った上で、オーダーオブマグニチュードやパレートの法則の概念を用いて定量的に優先度をつけることで、ビジネスにおける実用的なスコーピングを行うことが可能**となります。

1-4 / 仮説立案

　課題定義のステップでは、優先課題を設定し、改善施策の方向性を検討しました。次に必要なのは、課題と改善施策から、具体的なアクションを検討するために分析仮説を立案することです。

　本ビジネスケースでは、「ブランドD・Eにおいて架電応答をしてもらえていない（直接督促ができていない）延滞者に向けた督促施策」を検討することが最も効果的だとわかりましたが、具体的に何を分析すればこの施策を打つことができるのか、その道標を作るのがこの仮説立案のステップです。

　繰り返しになりますが、本節で紹介している仮説立案はベーシックなアプローチをとる場合の具体的な手法であり、教師なし機械学習や強化学習的なアプローチをとる場合とは異なります。本章においては、AI・データサイエンスの基本的な考え方として、明確な分析仮説を立てながら解析を進めるアプローチに焦点を当てています。

■ 1　分析仮説の整理

　現場でよく目にするのが、この分析仮説をしっかりと整理しないままデータ収集や分析作業に入ってしまい、大きな手戻りや工数増加を生むケースです。

図表1-10　仮説立案のイメージ

目的：1年間で短期延滞における回収不能額を半分にする（回収不能額10億円の削減）

ターゲット課題	改善施策
✓ ブランドD・Eにおいて架電による督促が出来ていない延滞者が多数 ✓ ブランドDの架電督促後の回収率が低い	✓ 架電督促におけるリーチの強化（架電応答率の向上） ✓ ブランドDの架電督促後の回収率向上

改善施策をより具体的なアクションに落とすため、データ分析で検証したいこと（仮説）を設定する

多くの場合、仮説は現場担当者から得られます。データ化されていないノウハウは、企業であれば現場担当者の中に属人的な形で蓄積されていることが多いからです。例えば「雨の日の特定エリアでは他のエリアと比べて顧客が減少する」「サービスの解約をする顧客は直近にオプション契約に関する問い合わせをする傾向にある」など、担当者ならではの経験からくるノウハウ・勘は、分析をする上で仮説として非常に有益なインプットになります。

このように、仮説立案のステップは現場の力とデータサイエンスの力を融合させることで、より良い分析を行うための非常に重要な役割を担います。**本ステップこそ、企業の現場力やスキル・経験が最も生きる部分であり、良い仮説を立てるためには、プロジェクトを進める上で、なるべく多くの関係者から協力を得なければなりません。**

■ 2 仮説立案のステップ

仮説立案でも、課題定義同様に、まずは仮説の抽出・洗い出しが必要です。前述した通り、この洗い出しには現場の担当者の知見が欠かせません。現場から得られる有力な仮説を整理し、さらに採用する仮説を絞り込むことで、ようやく後続の分析フェーズへ進むことができます。

よりイメージを具体化するために、先ほどのケースに戻りましょう。課題定義のステップを終え、最終的に以下の施策に優先着手すべきと定義できました。

表1-11　仮説立案で実施するタスク

仮説立案ステップ	作業内容
仮説の洗い出し・詳細化	対象業務の有識者にヒアリングを行い、分析仮説を抽出する
	対象業務に関係するなるべく多くの部門から意見を抽出し、多角的な要素を盛り込む
	ヒアリング内容を整理するとともに、網羅性・理論性を意識し、仮説を構造化する
仮説検証方法の検討・絞り込み	仮説検証に必要なデータ項目・量が十分か確認し、検証可能な仮説を絞り込む
	仮説の検証方法を検討し、実現可能性を鑑みた絞り込みを行う

優先着手すべき施策：

- ブランドD・Eの架電督促におけるリーチの強化（架電応答率の向上）施策
- ブランドDの督促実施後の延滞者に向けた回収率向上施策

　これらの課題・改善施策に対する分析仮説を抽出するために、チームでディスカッションを行い、仮説を整理し、業務担当者や関連部署へのヒアリングを実施して視野を広げます。コールセンターへのヒアリング結果から、以下の仮説が浮かびました。

ヒアリングから得られた仮説：

- 顧客の属性によって、電話に出る時間帯が異なっていると感じている
  ⇒架電時間帯×顧客属性での視点を仮説に盛り込む
- 年齢・性別だけでなく、職業・家族構成によって延滞率が異なると感じている
  ⇒顧客属性は幅広く仮説に盛り込む
- オペレータの所属センターやブランドによって対応マニュアルが違うため、回収の成否の傾向が異なる可能性がある
  ⇒センター・ブランド別のオペレータのパフォーマンスの傾向差を確認して仮説に盛り込む
- ベテランオペレータは案内が的確であるため、スムーズな支払いにつながっている
  ⇒架電ターゲット・案内の内容・タイミングなどを深掘りして仮説に盛り込む

　これらの現場から上がってくるアイデアは、非常に有益なインプットになります。

　前者の2つの仮説は、顧客の属性や時間帯によって、架電の効率性に違いがあるのではないか（＝その違いを明らかにすれば、架電をより効果的に実施することができるのではないか）という仮説につながります。

図表1-12　構造化された仮説立案のイメージ

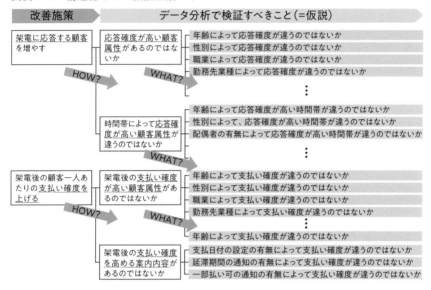

　後者２つは、コールセンター別やブランド別のオペレータのパフォーマンスを比較したり、ベテランオペレータの架電方法の特徴を深掘りして仮説にすることで、効率的・効果的な架電方法の要因候補を仮説に盛り込むことになるでしょう。いずれも有効な改善アクションにつながりそうです。

　繰り返しになりますが、現場の意見をしっかりと取り入れることが、本ステップにおいて重要です。しかし、ヒアリング結果のみでは、網羅的な仮説を洗い出すことはできません。網羅性をもって仮説を広げ、さらに構造化することで、抜け漏れなく全体感のある仮説を作り出すことができます。

　網羅的という観点では、**MECE**（Mutually Exclusive and Collectively Exhaustive）を意識することで漏れなくダブりのない仮説を抽出できます。また、**3C**、**4P**のような**フレームワーク**を使ったり、業務プロセスを用いて検討したりすることも有効です。MECEやフレームワーク

図表1-13　仮説立案における視野の広げ方

フレームワークを使う

・網羅的な視点が入っているフレームワークを使って、別の視点から考える

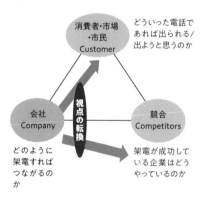

プロセスで考える

・現在だけでなく、過去・未来といった流れから新たな視点を抽出

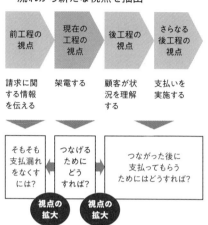

を意識することで視点を変化させ、アイデアを拡大させることが可能になります。

　本ケースでいうプロセスとは、例えばコールセンターにおける架電の業務プロセスをイメージするとわかりやすいでしょう。コールセンターのオペレーターが、図表1-14のような作業プロセスで督促の電話をかけていたとしましょう。

　架電作業を細かいプロセスで確認すると、それぞれの作業において仮説を検討することが可能です。例えば架電前のリスト確認では、「ベテランの担当者は、延滞金額や属性に応じて架電の順番を変えているのではないか」といった具体仮説のアイデアが浮かんできます。このように具体的なアイデアを出していくためにも、プロセスやフレームワークを用いてイメージを膨らませることは非常に有効です。

　次に、抽出された仮説に対して実証可能性を確認し、対象仮説を絞り込みます。データに関して確認すべきポイントについては、次章で詳しく扱いますが、仮説立案の時点で可能な限りの情報を把握しておくこと

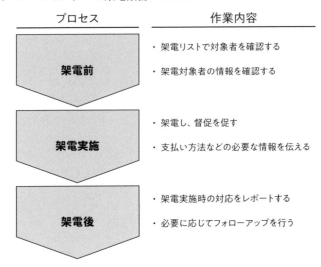

プロセス	作業内容
架電前	・架電リストで対象者を確認する ・架電対象者の情報を確認する
架電実施	・架電し、督促を促す ・支払い方法などの必要な情報を伝える
架電後	・架電実施時の対応をレポートする ・必要に応じてフォローアップを行う

も重要です。

> **仮説の実証可能性を検討する際に注意すべき点：**
> - 関連データ項目の有無
> - 利用可能なデータの量
> - 検証方法・実現性（想定される検定方法・分析手法など）

　たとえ業務部門から非常に重要な仮説であると主張があった場合でも、肝心のデータが存在しない場合は分析ができません。その場合、関係者と協議の上、新たにデータを取得する方針をとるのか、スピード重視で分析のスコープから外すのかといった意思決定が求められます。いずれにせよ、それぞれの仮説に対して収集するこれらの情報は、意思決定の重要な参考情報になります。

　最近では、特に機械学習の手法を用いて分析を行うプロジェクトも多くなっています。その際、2点目の「利用可能なデータの量」の観点が問題になります。

　多くの機械学習手法では学習させるための「正解データ」が必要です

が、正解データが稀にしか発生しないような事象であった場合（機械の故障や不正検知等）は、正解データが少なくて分析の精度に足る量の確保が困難、という壁に直面することもありますし、場合によってはそもそも正解データの定義が不明確なケースもあります。こういった場合、プロジェクトの遂行そのものについての判断が求められることもありますので、データ量の観点も非常に重要です。

　次章でも言及しますが、**重要なのは、正解データが少なく精度に足る量ではない可能性がある、という情報をこの段階でしっかりと把握し、その対処方針を現場とある程度共有しておくこと**です。

　例えば、新たなデータをアノテーション（正解ラベル付け）する、正解ラベルの定義を変更する、といった方法でデータ量を増やすことを、あらかじめ頭の中に置きながらプロジェクトをスタートしているかどうかで、その後のプロジェクトの進捗は大きく変わることでしょう。分析に使用するデータの量、正しさ、信頼性も含め、データサイエンスを行う人間がしっかりと現状を把握しつつ進めることが重要です。

　課題定義・仮説立案は、ビジネス効果も考慮した上で分析の目的を明確に定め、さらに後続の分析フェーズに進むための具体的アクションに落とし込むための非常に重要な役割を担います。

　繰り返しになりますが、AI・データサイエンスを進める上でのアプローチは多様化しています。しかし、基本的な要素として、分析プロジェクトでは本フェーズにおいて適切な発射台・的の設定をすることが、分析プロジェクトを成功へ導く鍵となることを忘れないでください。

第 **2** 章

データ収集・加工・探索

前章では、分析プロジェクトを進める上で重要となる分析プロセスの全体像を紹介し、さらに分析プロセスにおける目的設定のフェーズである課題定義と仮説立案の実践的な手法について、ケースで例示しました。

本章では、課題定義・仮説立案によって明確になった分析目的に対して解析を進めるために、「データを集め」「分析可能な形に加工し」、さらに「データの基本傾向を探索によって把握する」という解析のベースともいえるデータ収集・加工・探索のプロセスについて紹介します。

2-1 / データ収集・加工

　まずは、「データ収集」と「データ加工」の2つのポイントについて紹介していきます。企業がどれほど強くデータ活用をしたいと望んでいたとしても、そもそもデータが存在しなければ有効な分析は困難です。特にビジネスの現場では、データ収集には様々なハードルがつきものであり、「データを収集する」という行為はそれだけでも非常に価値が高い場合もあります。

　データ収集・加工に要する工数は、分析プロセス全体の8割程度を占めるといわれるほど時間も手間もかかる作業です（8割というのは一般論であり、データ活用が進んだ企業とそうでない企業では大きなギャップがあります）。本節では、実務的な観点で、データ収集・加工についてのポイントを取り扱いたいと思います。

■ 1　データ収集

　そもそもデータにはどのような種類があるのでしょうか。ビッグデータという言葉が使われるようになってから10年以上が経ち、データの活用が身近に感じられているかもしれませんが、データの種類について意識したことがない方も多いのではないでしょうか。データサイエンス

図表2-1　構造化データと非構造化データの概要

カテゴリ	概要	例
構造化データ	「列（変数・カラム）」と「行（レコード）」の概念を持つ表のように構造化されて収納されたデータ	調達、生産、出荷、売上等の実績データ 顧客の会員データ ID-POSデータ、 マーケティング実績データ、 政府統計データ、 天候データ　　　　　　等
非構造化データ	行列構造など構造定義を持たない、持つことが困難なデータ	テキストデータ（文書、メール等） 画像データ（写真、絵等） 音声データ 機器ログ センサーログ　　　　　等

で扱うデータは、大きく分けると構造化データと非構造化データの2種類に分類されます。

　おそらく「データ」と聞いてイメージしやすいのは構造化データでしょう。ビジネスの現場でも、企業が保持するデータの多くは構造化データであり、**リレーショナルデータベース**に格納されたデータは保管・抽出が容易であることが知られています。

　一方、近年、非構造化データについても、IoT機器・各種センサーやデジタルデバイス等の発達により、多くの種類・量のデータを取得できるようになりました。それと同時に非構造化データを活用したサービスも増え続けており、例えばドライブレコーダーの画像データと、ドライバーの生体データを掛け合わせたセーフティドライブサービスや、センサーデータを用いた工場設備の故障検知などの仕組みが開発されています。今後もデータサイエンスにおける非構造化データの果たす役割は大きくなることが予想されています。

　種類・量ともに進化を続けるデータですが、ビジネス現場でデータを集める、という作業はそう簡単ではありません。そもそも想定していたデータがきちんと格納されていなかったり、規約上定められているデータ利用範囲[*2]では分析に使用できなかったり、データ管理部門の協力が得られずデータ自体を抽出してもらえなかったりと、様々なハードルに直面することがあります。ここからは、データ分析に必要なデータを収集する上で重要となるポイントを紹介します。

①データ分析の目的に合致するデータを収集する

　課題定義・仮説立案では明確な分析目的を立てることの重要性を説明しましたが、これはデータ収集においても同様です。何の目的でデータを使用するのか、そのためにはどのようなデータが必要であるのかを明確にして、**対象・粒度（りゅうど）・期間・鮮度の観点から適切に選別**する必要があります。対象の確認とは、仮説検証が可能なデータ項目が収集できるかどうかを確認することを指します。

　仮説立案で立てた仮説に対して、分析ができる対象項目がなければ検証に至ることができません。商品の日別の需要予測を行いたい場合は、

商品の過去の売上データに加え、需要の増減の要因となりうるような関連データ（例えば天候データ、キャンペーン実績等）が必要になることはイメージできるでしょう。

　さらに粒度・期間についても、日別予測を行いたい場合であれば最低でも日単位の粒度のデータが必要になりますし、季節性を考慮できるように複数年分のデータが取得可能かについても確認しなければなりません。

　また、データの鮮度も重要です。トレンドが毎年変わるアパレル業界の需要予測では、5年、10年といった過去のデータを使用してモデリングするのは有効でない可能性があるでしょう。分析目的に応じたデータの鮮度の確認も忘れずに行ってください。

　大切なことは、分析の目的（課題）および分析仮説に対して適切なデータを定義して収集を開始することです。当たり前のことに感じますが、データ収集が目的とかけ離れてしまい、再収集が必要になり、手戻りが発生してしまう、という事態も分析プロジェクトではよく見受けられます。

②データの利用可能範囲を把握する

　近年、データ活用が叫ばれるようになると同時にデータのセキュリティ・プライバシー保護についても非常に厳しい目が向けられています。

　現在、分析を始める際に、セキュリティ規約や利用可能範囲・条件等を事前に把握することは必須です。顧客データ等の個人のプライバシーにかかわるデータの場合は、データオーナー・管理を担当する部門と連携し、規約上定められた利用範囲・利用目的の制限に抵触しないか、また利用する場合の匿名化・マスキングの方針や対応可能部門はどこか等を明確にした上でデータを収集しなければなりません。

　分析目的でユーザデータを新たに取得する必要がある場合は、許諾の取得方法についても同時に検討しつつ進める必要があります。

　また、データセキュリティのポリシーをしっかりと把握した上で、規定に則った環境でデータを扱うための準備が必須です。ネットワークの要件や制限、データを扱う端末の制限等、解析に関係する制約が発生す

る場合も多いため、担当部門と綿密に連携をとり、セキュアな環境で分析を行うことが必須です。

データへのアクセスがスムーズになった現在だからこそ、プライバシーやセキュリティを厳密に遵守しなければ、個人情報の流出などの重大な問題につながるおそれもあります。仮に個人情報流出などの問題が起こってしまうと、それが顧客離反などビジネス的に大きなロスを生むことも容易に想像できるでしょう。

また、近年、データ利用に関する社会の注目も高くなっているがゆえに、仮に法律上のペナルティがないとしても、**データを扱う人間はそのデータの扱い方が倫理的に本当に問題ないのか、熟慮する**必要があります。データ活用を目指すにあたっては、上記のポイントは十分に意識していただきたいと思います。

③データの背景・条件を把握する

ビジネスで扱われるデータは、ビジネス目的やどのシステムで管理されているかなど多様な背景を持ち、様々な関係者のもとで管理されています。データを収集する際は、データの持つ背景や条件をしっかりと把握することが成功への鍵です。

もちろんデータの定義資料（ER図 [Entity Relationship図] やテーブル定義書）を得られれば非常に有効です。また、データ収集・蓄積に至るまでの運用方法（入力からデータ格納されるまでの一連のプロセスやそれを管理している担当者）や、管理方法（運用システムの概要や更新頻度など）を確認することで、データそのものを眺めるだけでは見えてこない情報を得ることができ、データ理解が進むとともに分析の精度向上へもつながります。

例えば、ECサイトの商品購買データを分析し、顧客に適切な商品をレコメンドしたいと考えてデータを収集した際に、「商品カテゴリ」が「大分類」「中分類」「小分類」という変数に分かれて格納されていたとしましょう。

一般的な考えでは、食品⇒飲料⇒お茶、といったように細分化していく構造にあるのではないかと予想できるでしょう。しかし実際には「小分類」にはメーカー/ブランド情報が記載されていた、というような、

変数名からは一見すると想像できないような運用を行っているケースもありえるのです。この場合、小分類で集計しても、"お茶"という単位のデータは存在しないわけですから、当初の想定のような分析結果は得られません。

　思い込みで分析を進めてしまい、後悔することのないように、データに関する背景情報を事前に確認・把握しておくことが重要です。また同時に、そのような背景を把握するために、データの管理部門や、関連業務部門に対してデータに関するヒアリングができる関係を構築することが求められます。

④データの量を把握する

　前章でも言及しましたが、データ量はデータ活用を進めるにあたって大きな論点です。分析をするにあたって適切な量のデータを収集可能かどうかは大前提として確認すべき点だともいえるでしょう。

　筆者らが分析プロジェクトを行う際に、クライアントから「何件のデータがあれば分析プロジェクトを行うにあたって十分なのでしょうか」とよく質問されます。適切なデータ量を見極めるという作業はそう単純ではありません。**データ量は、分析目的や使用する分析手法、その後の運用等を総合的に考慮した上で十分量を判断**します。また、ビジネスの現場では大量のデータを用いて解析精度に重きを置くのか、少量データでもクイックな現状把握に重きを置くのかなど、用途や目的によって必要なデータ量に対する考え方は異なります。

　機械学習における正解データ量もそうですが、解析対象ごとに確認したデータの量が不十分だと判断した場合、プロジェクト推進をあきらめるのか、新たなデータ取得を目指すのか、はたまた問題定義を変更して正解となりうるデータ範囲を広げるのかも検討しつつ、十分なデータ量を見極める必要があります。

　近年人気の機械学習を用いた解析は、一般的には学習のために大量のデータが必要とされていますが、例えばセンサーログなどはその保持単位（粒度）によっては1秒単位なのか1分単位なのか5分単位なのかといった単位ごとの集約によって、データ量に大きな差が出ます。当然、最

小粒度で保持すればデータ量は豊富になりますが、ストレージ容量や解析スピード、計算機のコスト等を考慮すると現実的ではない可能性もあります。この場合も目的や使用する分析手法等を検討し、現実解を見つけることが重要です。

　いずれの場合も、解析を進めてしまってからデータ量が適切でない、という問題に直面しないよう、データ収集時点で正確なデータ量を把握することが重要です。

⑤データの品質を担保する

　Messy なデータ、という言葉があります。Messy とは「きたない、散らかった」という意味を持つ単語です。データサイエンスの世界では、品質の悪いデータを、しばしばこの Messy という言葉で形容します。

　データの質はそのデータの収集された経緯・背景に大きく依存します。デバイスから自動で飛んでくるようなセンサーログや、購買サイトから自動で格納される購買履歴データはフォーマットが統一されているため質が良く、分析に用いる場合も軽度のクレンジング作業で済むことが多いといえます。一方で、営業担当が記入した営業日報をシステムに手入力することで得られるデータは、おそらく多くの入力ミスや誤字脱字、欠損を含んでいる可能性が高いため、確認・クレンジング作業に工数がかかることは容易に想像ができるでしょう。

　欠損が多い、誤入力がある、平仄（ひょうそく）がそろっていない（例：性別のカラム

図表2-2　Messy なデータの例

A地区でのアンケート

年齢	性別	購入商品	満足度
25	男性	清涼飲料水A	普通
30	女性	スナック菓子A	やや満足
30	女性	スナック菓子A	普通と満足の間

B地区でのアンケート

年代	性別	購入商品	満足度
40歳-49歳	M	スナック菓子A	5
20歳-29歳	F	スナック菓子B	Null
20歳-29歳	M	清涼飲料A（サイダー）	無回答

Messyなポイント

1. データの意味が違う
-年齢/年代

2. 入力方法が不統一
-性別、購入商品、満足度

に"女性"という記載と"女"という記載の両方が乱立している）、同一項目で意味が統一されていないなど、データの品質が悪い場合、そのデータを使用することを断念する場合や、クレンジングに大きな工数をかける前提で解析に入るなどの対応が求められます。

　データの品質は分析の生命線ともいえる重要な要素ですから、データ収集時に品質をしっかりと把握し、後続作業への影響も鑑みて集める対象を決めなければなりません。

　本節で紹介したデータ収集のポイントは、分析をする上で意識してほしい重要な要素です。繰り返しになりますが、分析をするためにはデータが必要です。いかに価値あるデータ収集ができるかが、分析全体を左右します。

■ 2　データ加工

　収集したデータは、分析をするにあたって必要な加工を施す必要があります。具体的には仮説に基づいて変数を追加作成したり（例：カードの不正利用を検知するモデルを作成する場合に、正解ラベルとなる「不正有無のフラグ」を追加）、集約単位を変えたり（例：日単位で取得したデータを週単位に集約）、仮説検証に明らかに不要な変数を削除するなど、データを分析可能な形に加工します。

　また、複数のテーブルやデータソースを使用した分析を行う場合は、データ結合を行う必要があります。その場合はどのデータでテーブル間の結合を行うかという結合キーの識別や、名寄せ作業を施す必要もあります。

　データ加工の初めの一歩として、ここでは**データクレンジング**について簡単に紹介します。

　データのクレンジングに関して、前述した欠損や不確実な変数・レコードを含むようなMessyなデータに対する処理方法としては大きく4つあります。

　①該当データをそのまま利用する

②該当データを削除する

③該当データを他の値で置き換える

④該当データの影響を弱める

　最も簡単なのは、①②の対応でしょう。当該データの影響があまりないと考えられる場合（例えば該当件数が非常に少ない場合）は、①のようにそのまま使用することもありますし、②のように丸ごと削除してしまう場合もあります。いずれも対応工数としてはあまり大きな負荷にはならないでしょう。③のように別の値で置き換え補完する場合、どのような値で補完するかが次の論点になります。補完の方法としては、平均値・中央値・予測値などで欠損を埋めることを検討します。いずれも計算に一手間が必要なため、①②と比較すると工数は大きくなります。④のデータの影響を弱めるとは、例えばペナルティを課す、重みをつける等統計的な処理を施すことを指しますが、データ加工の工数や結果解釈が複雑になるといった観点から、経験上ビジネスの場で使用することはあまりありません。

　データ加工に関して作法や具体的な手法は多々ありますが、ここでもやはり重要なことは、**解析者自身とデータ分析を依頼してきたビジネス部門や業務担当者が認識を合わせ、データの本質に合致する形で、分析目的が遂行できるよう合意形成をする**ことです。正確性を持ったデータで解析に進めるように心がけることが、データ分析の成功の秘訣です。

2-2 データ探索

　分析に使用するデータの準備ができたら、次のステップであるデータ探索のステップに移ります。

　データ探索では、まずデータの基本情報を把握し、大まかな傾向をつかむことが重要です。探索作業の結果によっては、データの再収集や再加工が必要となる可能性もあるため、プロジェクトのリスク回避のためにも分析の初期段階で実施する必要があります。

　昨今、AI・データサイエンスが一般的になる中で、OSS（オープンソースソフトウェア）として多くの分析手法がパッケージ化され、だれでも簡単に解析を始められる環境が整っています。これにより、高度な機械学習をすぐに使えるという利点を享受できるようになったことも事実ですが、一方で基本統計や可視化手法を用いた基礎的なデータ探索があまり注目されなくなったとも感じています。

　しかし、ビジネスの現場では、このデータ探索作業は非常に重要な意味を持ちます。正しくビジネス目的を捉えた分析をするためには、データ探索作業によってデータとしっかりと向き合い、データの持つ傾向を把握することが必須だからです。

　本節では、データ探索に必要な基礎的な統計知識にも触れつつ、探索作業のポイントを紹介します。なお、本書では確率分布や検定手法の詳細は割愛いたします。興味のある方はぜひ統計学の専門書などを参照いただければと思います。

■ 1　基本統計量の確認

　データの基本傾向を把握してください、といわれ、データサイエンティストがまず行うのは集計や基本統計量の確認作業でしょう。全体傾向をつかむための集計を行い、また各変数の持つ基礎情報を把握するために統計指標を算出して傾向を確認します。まずはデータの分類を簡単に紹介します。

　データ分析で扱うデータの種類について、売上実績や会員情報等の構造化データと、画像やテキスト情報等の非構造化データが存在することを前節で紹介しました。このような多様なデータも、統計学的にもう少し細かく分類すると、**「量的データ」** と **「質的データ」** の2つに分類されます。

　量的データとは、数値で表されるデータを指します。量的データはさらに**比率尺度**（絶対的なゼロが存在するデータ。比例尺度とも言われる）と**間隔尺度**（絶対的なゼロが存在しないデータ）に分けられます。例えば摂氏の温度は、人間が基準を決めて数値化した尺度で測られており、0度といっても絶対的なゼロではない（ゼロという数字が何もない状態を意味するものではない）ため、比率尺度ではなく間隔尺度として扱われます。

　質的データは、**順序尺度**と**カテゴリ尺度**に分類されます。順序データとは満足度や順位などの順番に意味を持つデータで、カテゴリデータは住所、性別のような何かしらの区別に用いられるデータです。

　データの種類について理解したところで、基本統計量の話に進みましょう。基本統計量の大きな役割は、「データの代表値を知ること」と、「データのばらつきを知ること」です。そしてこれら基本統計量は、デ

図表2-3　量的データと質的データ

測定尺度	データカテゴリ	データの名称	内容	算術方法	データ例
比率尺度	**量的データ**	比率データ	絶対的なゼロが存在する	＋−×÷	質量、長さ、時間、金額など
間隔尺度		間隔データ	絶対的なゼロが存在しない	＋−	知能指数、摂氏など
順序尺度	**質的データ**	順位データ	ある程度、数学的意味のあるデータ	＞＝	成績順位、満足度、強度、難易度など
カテゴリ尺度		カテゴリデータ	内容を区別するだけのデータ	度数カウント	氏名、住所、性別など

ータカテゴリの特性を鑑みて算出する必要があります。

　一般に傾向を見るときにまず確認するのは合計（データ全体の合算）や平均（データ全体の合計をデータ数で割った値）です。売上の年変動を見たいときは年ごとの合計値の推移を見るでしょうし、各部署の営業担当の実績比較をするときは営業担当者1人あたりの売上平均を見るのではないでしょうか。これらはデータの代表値を確認する作業に他なりません。

　他にも、最頻値（最も頻繁に出現する値）、中央値（データを順番に並べたときに中央に位置する値）、最小値（データの中で最も小さな値）、最大値（データの中で最も大きな値）なども、データの代表値として確認すべき指標です。

図表2-4　代表的な基本統計量

統計量	数式	意味
平均($\bar{x}$; 算術平均)	$\bar{x} = \sum_{i=1}^{n} x_i / n$	分析対象グループ（母集団）データの和を、対象数（データの数）で除した指標
分散（σ^2）	$\sigma^2 = \sum_{i=1}^{n} (x_i - \bar{x})^2 / n$	分析対象のばらつき度合いを表す指標
標準偏差（σ）	$\sigma = \sqrt{\sum_{i=1}^{n} (x_i - \bar{x})^2 / n}$	分析対象の平均的なばらつき度合いを表す指標。分散の平方根を取る
変動係数（C.V.）	$\sigma / \bar{x}$	異なるグループのばらつき度合いを比較するための指標。標準偏差を平均値で除する
最小値（Min）	—	分析対象の中で最も小さな値を示す指標
中央値（Median）	—	分析対象を大きさ順に並べたときに、ちょうど真ん中の値を示す指標
最大値（Max）	—	分析対象の中で最も大きな値を示す指標
最頻値（Mode）	—	分析対象の中で最も出現頻度が高い値を示す指標
歪度（Skewness）	$\frac{1}{n} \sum_{i=1}^{n} \left(\frac{x_i - \bar{x}}{\sigma} \right)^3$	分布が正規分布からどれだけ歪んでいるかを表す指標。正規分布と比較して左に偏っている場合は正を、右に偏っている場合は負の値を取る
尖度（Kurtosis）	$\frac{1}{n} \sum_{i=1}^{n} \left(\frac{x_i - \bar{x}}{\sigma} \right)^4$	分布が標準正規分布からどれだけ尖っているかを表す指標。正規分布の場合は0となり、正規分布と比較してより尖っているほど大きな値を取る

　データのばらつきを知るためには、分散（データのばらつき）や標準偏差（分散の平方根をとった値）、変動係数（標準偏差を平均値で割った値）を確認します。

　また、本書では詳細な説明は割愛しますが、分布の形状を知るための指標として、歪度、尖度を用いることで、分布の歪み方、尖り方を確認することもできます。

■ 2　ケースを用いた基本統計量の把握

　基本統計量を算出することの意味について、具体的なイメージを持つために、前章で紹介した仮説立案のケースに適用してみましょう。ケースの課題と仮説を再掲します。

　ここでは、仮説をより詳細化していく中で、現場からコールセンターのセクターによってオペレータのパフォーマンスが異なるのではないかとの指摘があり、セクター別の基本情報を探索することになった、としましょう。

　コールセンターは数カ所ありますが、比較的規模の大きなセンターであるセクターA（ブランドDの顧客に対応）とセクターB（ブランドEの顧客

図表2-5　ケース：延滞発生への架電による督促

ターゲット	▷短期延滞の発生額が業界平均の1.7倍（約400億円）と高く、その後回収できず中期・長期化してしまった債権が約20億円発生している。その結果、回収コストも膨大になっているため、回収不能債権額を1年で半分にする必要がある
重点課題	▷ブランドD・Eにおける架電に応答してもらえていない（直接督促ができていない）延滞者に向けた督促施策 ▷ブランドDにおける架電督促実施後の回収率向上
分析仮説案	▷顧客の属性によって、電話に出てくれる時間帯が異なると感じている ⇒架電時間帯×顧客属性を仮説に盛り込む ▷年齢・性別だけでなく、職業や家族構成によって異なる可能性があると感じている ⇒顧客属性は幅広く仮説に盛り込む ▷**オペレータの所属センターやカードブランドによって対応マニュアルが異なるため、回収成否の傾向が異なる可能性がある** **⇒センター・ブランド別にオペレータのパフォーマンス傾向の違いを検証して仮説に盛り込む** ▷**ベテランオペレータは案内が的確でありスムーズな支払につながっている** **⇒架電ターゲット・内容・タイミングなどを深掘りして仮説に盛り込む**

に対応）からそれぞれ直近1か月のレポートをリードタイムなく受領することができたため、まずは得られた範囲でクイックにデータの基本傾向を確認することにしました。取得できたレポートの項目は、以下の通りです。

〈データ項目〉

①社員ID ：オペレータの社員番号

②セクター：セクター名（A／B）

③勤続年数：オペレータとしての勤務実績年数

④架電数 ：1か月の合計架電数

⑤リーチ数：架電に応答してもらえた数

⑥リーチ率：リーチ数÷架電数

⑦回収数 ：リーチできたもののうち、回収に至った数

⑧回収率 ：回収数÷リーチ数

図表2-6 データ項目のイメージ

①社員ID	②セクター	③勤続年数	④架電数	⑤リーチ数	⑥リーチ率 （⑤÷④）	⑦回収数	⑧回収率 （⑦÷⑤）
AA001	A	2	100	60	60%	33	55%
AA002	A	2	120	67	56%	33	49%
AA003	A	3	103	71	69%	34	48%
AA004	A	3	106	56	53%	30	54%
AA005	A	4	100	71	71%	39	55%
AA006	A	4	109	63	58%	33	52%
AA007	A	5	99	72	73%	35	49%
AA008	A	6	100	73	73%	40	55%
AA009	A	8	89	77	87%	48	62%
AA010	A	11	97	81	84%	51	63%
AA011	A	12	77	65	84%	57	88%
AA012	A	14	85	70	82%	50	71%
AA013	A	15	70	66	94%	57	86%
AA014	A	19	67	61	91%	54	89%
AA015	A	20	66	56	85%	55	98%
…	…	…	…	…	…	…	…

図表2-7　セクター別の全体傾向

	セクターA	セクターB
合計架電数	4182	3333
平均架電数	92.9	74.1
合計リーチ数	3051	2925
平均リーチ数	67.8	65
平均リーチ率	75.0%	88.8%
合計回収数	1953	2343
平均回収数	43.4	52.1
平均回収率	64.5%	80.6%
オペレータ数	45	45

　次に、セクター別にパフォーマンスを確認するために、全体傾向の集計をしました。

　これによって、データ全体の代表値を知ることができました。セクターA、セクターBともにオペレータ数は45名ですが、AとBを見比べると回収実績に差があることが見えてきました。

　架電そのものはAの方が800件以上も多くなっていますが、リーチ数は両セクターでそれほど大きな差がありません。つまり、これはリーチ率（電話に出てもらえる確度）が、AよりもBの方が高いことを意味しており、実際に平均リーチ率は、AとBで13.8%の差があることが分かりました。このことから、Bセクターの方が効率的にターゲット顧客に電話をかけている可能性があるという示唆が得られました。

　さらに、リーチ後の平均回収率についても、AとBで16.1%とより大きな差が見られます。

　このように、全体傾向を把握するためには、基本統計量である合計や平均を用いながら、全体像をつかむことが基本です。集計作業自体は読者の皆さんも業務で実施することが多いと思いますが、指標の意味をしっかりと捉えずに集計してしまうと、ミスリード・誤解を生むこともありますので注意が必要です。

　例えば、上記例では1か月分のデータを探索していますが、年単位の

図表2-8　セクター別の基本統計量

■セクターA

基本統計量	③勤続年数	④架電数	⑤リーチ数	⑥リーチ率	⑦回収数	⑧回収率
平均	8.5	92.9	67.8	0.75	43.4	0.65
標準誤差	0.9	2.4	1	0.02	1.5	0.02
中央値（Median）	6	99	67	0.73	40	0.55
最頻値（Mode）	3	100	71	0.71	33	0.49
標準偏差	5.8	16	6.9	0.14	10.1	0.17
分散	34	254.9	47	0.02	102.9	0.03
尖度	-1.1	-0.8	-0.7	-1.25	-1.5	-0.9
歪度	0.5	-0.3	0.1	-0.2	0.3	0.83
範囲	19	57	25	0.44	30	0.5
最小	1	66	56	0.53	30	0.48
最大	20	123	81	0.97	60	0.98
合計	381	4182	3051	33.74	1953	29.04
データの個数	45	45	45	45	45	45

■セクターB

基本統計量	③勤続年数	④架電数	⑤リーチ数	⑥リーチ率	⑦回収数	⑧回収率
平均	8.6	74.1	65	0.89	52.1	0.81
標準誤差	0.8	1.8	1.1	0.01	0.9	0.02
中央値（Median）	8	75	63	0.9	54	0.82
最頻値（Mode）	2	77	63	0.82	56	0.67
標準偏差	5.2	11.8	7.1	0.09	6.2	0.1
分散	26.7	139.9	50.7	0.01	38.7	0.01
尖度	-0.6	-1.3	-0.6	-0.82	-1	-1.19
歪度	0.5	0	0.6	-0.51	-0.3	-0.01
範囲	19	37	24	0.28	21	0.33
最小	1	56	55	0.72	41	0.65
最大	20	93	79	1	62	0.98
合計	387	3333	2925	39.96	2343	36.28
データの個数	45	45	45	45	45	45

データを知りたい場合に、「各月の平均」の平均を取ることは正しいでしょうか。各月の平均値を平均しても、1年（12か月）分のデータの本当の平均値にはなりません。

　小さなことのように感じるかもしれませんが、集計する際は自分が正しい指標を使っているのか確認しながら進めることで、より正確な数値を知ることができます。そのためにも、集計の際には、このデータ・この条件であれば、およそこれくらいの規模感の数値になるはず、という数値上の仮説を立てながら分析を進め、その都度、集計結果と仮説数値を見比べるようにしてみてください。

　さて、全体の傾向を大まかに把握した後で、先ほど紹介した基本統計量も確認してみましょう。③〜⑧の変数に対して算出した基本統計量は前ページの図表2-8の通りです。

　AセクターとBセクターの基本統計量を比較してみると、リーチ率と回収率は平均のみを比較するだけでも大きな差が確認できます。また、あわせて注目すべき点として標準偏差（ばらつき）が挙げられます。AセクターとBセクターを比較すると、リーチ率・回収率ともにAの方が、標準偏差が大きくなっていることが分かります。

　同様に、リーチ率・回収率の最小値と最大値の差（範囲）もAの方が広いことがわかります。これら標準偏差や範囲の指標は、セクター内でオペレータのパフォーマンスにばらつきが大きいことを意味しています。つまりAセクターはBセクターに比べると、オペレータの受け答えの品質に差があるという可能性が見えてきました。

　このように基礎集計と基本統計量の確認だけでも得られる情報は多くあります。基本的な傾向把握はもちろんのこと、その後の分析手法選択や結果解釈においても、これらの基礎分析結果は有用ですから、データを扱う際は必ず基本統計量を確認することを忘れないでください。

■ 3　データの可視化

　データ探索において基本統計量の確認と並行して必ず実施することに

なるのが、適切な可視化による傾向把握です。読者の皆さんも仕事の中でレポートを作成したり報告書内にグラフを挿入したりとデータを可視化する機会は多いのではないでしょうか。上述した基本統計量は、定量的な指標が提示されますが、データの可視化を組み合わせることで、傾向を視覚的・直観的に把握することが可能です。

棒グラフや円グラフ等の単純なグラフはすでに皆さんも日々の業務で活用されていると思いますので、本節では棒グラフ・円グラフ以外でデータ分析の際に頻繁に用いられる代表的な可視化手法を3つ紹介します。

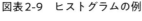①ヒストグラム

まずはヒストグラムについて紹介します。ヒストグラムは、読者の皆さんも日々の業務の中で無意識に使用していることが多い可視化方法です。**度数分布をグラフで表したもの**であり、横軸に表現したい階級、縦軸に度数（＝頻度）を取ります。

階級とは、例えば身長を10cm区切りで定義したり、購買回数を5回刻みで定義したりと、把握したい変数を一定の基準で区切ったもので、binとも呼ばれます。つまり、binを10cm単位で区切った身長のヒスト

図表2-9　ヒストグラムの例

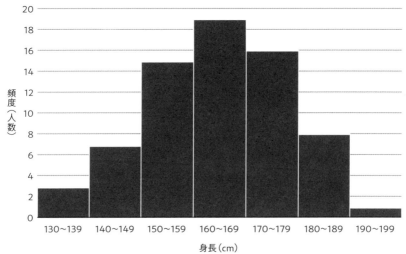

グラムであれば、160〜169cmの人が何人、170〜179cmの人が何人…というグラフが得られます。ちなみに正式なヒストグラムの書き方は各binの棒グラフが接した状態で、棒グラフ間にスペースが空かないように描きます。

　ヒストグラムによって、データの階級別の分布と、ばらつきの傾向を把握することができるため、ヒストグラムはデータ探索では必ずといっていいほど活用される可視化手法です。前述しましたが、データ探索では、その後の分析手法の選択・モデル構築のためにもしっかりと基本傾向を把握することが重要です。

　基本統計量で紹介した分散や標準偏差は、データがどれほどばらついているのか、すなわちばらつきの大小を定量的に把握することは可能ですが、「データがどのようにばらついているのか」を知ることはできません。そのため、データの分布・ばらつきをしっかりと把握するためには、分散・標準偏差とともにヒストグラムを確認することが非常に有効です。

　また、データによっては2つの傾向が混在しており、ヒストグラムでピーク（＝データの山）が2つ確認されることもあります。分散や標準偏差では、2つ以上のピークがあった場合でも、全体傾向を表す1つの集計値に置き直されてしまい、複数のピークの存在に気づけないこともあります。そのような場合に、ヒストグラムは非常に重要な役割を果たします。

　ヒストグラムでのデータ可視化についても先ほどのケースを用いて確認してみましょう。先ほどのケースにおける、パフォーマンスの最終的なアウトプットである回収成功数の件数の分布をセクター別にヒストグラムで可視化します。

　2つのヒストグラムから、回収数の分布を確認すると、Aは31〜35件の度数が最も高くなっており、Bは51〜55件の度数が最も高くなっています。Bの方が全体としてのばらつきが小さいことも視覚的に把握できるでしょう。また、Aでは、最も度数が高い31〜35件の階級に加え、56〜60件の階級でもピークがあるように見え、優秀なオペレータ

図表2-10　セクター別のヒストグラムによる可視化（bin:5件単位）

■セクターA

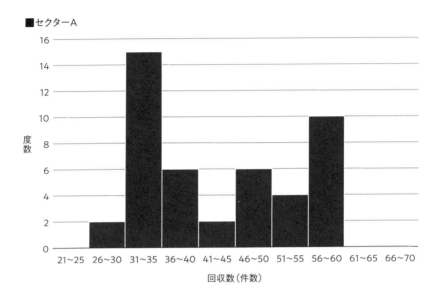

■セクターB

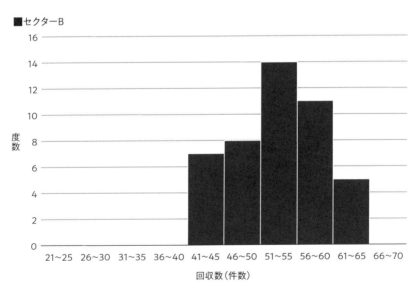

とそうでないオペレータが二極化している可能性がうかがえます。

　もちろん、今回のケースではサンプル数が各セクターでそれぞれ45と少ないため、統計的な有意性が必ずしも担保されているわけではありませんが、データ探索作業としては有効な方法です。

　また、ヒストグラムを確認することで、階級やカテゴリ別の度数を知ることができるため、例えばカテゴリによって異常に度数が低い（＝データが少ない）場合は、データの有効性を確認する意味でディープダイブすることも重要です。データは正しく入力されているが件数が少ないのか、データ運用上の不備や誤入力によって件数が少なくなってしまっているのか等のデータの品質をチェックすることにもつながります。

　ヒストグラムは特にPythonやRを用いると非常に簡単に作成することができ、また多くの大切な情報を解析者に教えてくれます。分散・標準偏差などのばらつきの指標とあわせて確認し、有効な探索作業として活用してください。

②散布図（相関関係の確認）

　散布図（Scatter Plot）は、2つの変数の関係性を把握したい場合に使用する可視化手法です。図表2-11のように、2つの変数をx軸、y軸に取り、それぞれのデータサンプルを2次元上に分布させます。Excelでも簡単に作成することができるので、読者の皆さんにも親しみがある可視化手法ではないかと思います。

　2つの変数の間の関係性を確認することはビジネスシーンにおける分析でも基本中の基本です。例えば、販売数とキャンペーン数の相関を見ることでマーケティング施策の効果を大まかに把握したり、解約数とサービスへのログイン回数を見ることで利用傾向と解約の関係性を確認したりと、関係性が疑われるものを直観的に把握することができます。

　散布図で表現される2つの変数の関係性とは、統計学的には相関を意味します。ここでは相関についても簡単に紹介します。

　相関係数[3]とは、2つの変数の関係性を数値化したものです。データが量的変数か質的変数かでも使用する相関指標は異なりますが、本書では散布図で可視化が可能な量的変数同士の相関について紹介します。

図表2-11　散布図の例

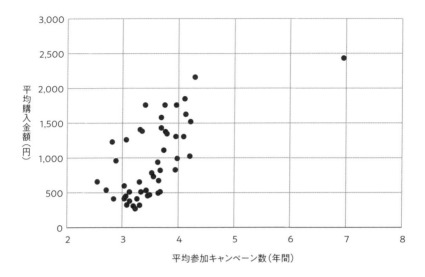

量的変数間の相関係数として、最も有名なのは**ピアソンの相関係数**です。相関係数は、1に近いほど正の相関（一方の変数の値が増加するにつれてもう一方の変数も増加する状態）が強く、－1に近いほど負の相関（一方の変数の値が増加するにつれてもう一方の変数は減少する状態）が強く、0に近ければ無相関（2つの変数間に関係性が認められない状態）です。

　一般的には、相関係数が0.4より大きければ"やや正の相関あり"、0.7より大きければ"強い正の相関あり"と考えます。

　同様に、－0.4より小さければ、"やや負の相関あり"、－0.7より小さければ"強い負の相関あり"と考えます。

　しかし、ビジネスの目的やデータの特性によっては相関係数の絶対値が0.4に満たない場合でも相関ありと捉えるケースもありますので、ケースバイケースで柔軟に考えていく必要があります。

　また、算出された相関係数が統計的な有意性を持つのか（統計的に意味があるといえるのか）については、本来であれば相関分析を行い統計検定にかけ、相関係数以外の統計指標を確認する必要があります。

図表2-12　ピアソンの相関係数

$$\frac{\sum_{i=1}^{n}(x_i-\overline{x})(y_i-\overline{y})}{\sqrt{\sum_{i=1}^{n}(x_i-\overline{x})^2}\times\sqrt{\sum_{i=1}^{n}(y_i-\overline{y})^2}}$$

$\overline{x}、\overline{y}$ はそれぞれx、yの平均値

　本書では相関分析 の詳細については言及しませんが、相関係数が高いからといって必ずしも相関関係にあると断定できないことに注意してください。また、相関はあくまで変数間の関係性であり、因果関係（原因と結果の関係）ではないことにも注意してください。

　散布図の話に戻りましょう。散布図のように、相関係数と可視化を組み合わせて探索することは、データの傾向を把握する上で非常に有効です。

　相関関係を散布図で表現すると、図表2-13のようなグラフが得られます。正の相関がある場合、データは左のグラフのように右肩上がりで直線に近い形で分布し、負の相関がある場合、右のグラフのように右肩下がりで直線に近い形で分布します。無相関の場合は中央のグラフのように、直線的な関係は見られません。

　先の図表2-11を改めて眺めてみると、右上に1つだけデータが存在することがわかります。この点は明らかに他のデータとは傾向が異なるように感じます。このようなデータを外れ値（または異常値）と呼びます。

　外れ値は、特別な理由により他のデータとは異なる特徴を持っているデータのため、データ分析の対象からは除外する、または外れ値のみを別扱いとして分析する必要があります（発展的な内容になりますが、外れ値の要因に仮説を置き、統計モデルによって影響をキャンセルするといった考え方も存在します）。

　図表2-11の例では、顧客のキャンペーン参加実績の中に社員のデータも含まれており、社割を使って商品を購入していたため、頻度高くキ

図表2-13　相関関係による散布図の違い

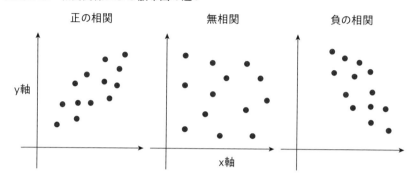

ャンペーンに参加しているように見えたことが判明しました。

　実際のビジネスの現場でも、需要予測の際に、お盆や年末年始といった通常とは異なる売れ方となる期間を外れ値として扱うといった対応を行います。しかし、注意してほしいのは、外れ値として扱ってよいかどうかはデータ分析だけから判断できるものではなく、ビジネスメンバーと綿密に議論を行った上で、外れ値として扱うかを決める必要があるということです。

　それでは、再び先ほどのケースを用いて、相関係数と散布図についてのイメージをつかみましょう。基本統計量とヒストグラムによる可視化から、Aの方が、全体的にパフォーマンスが低く、オペレータ間で回答品質にばらつきがある可能性が示唆されていました。受領したデータの中で、オペレータの属性情報は勤続年数のみです。仮説として提唱されていた「ベテラン」というキーワードにある程度近い変数だと考えられるこの変数と、パフォーマンス指標であるリーチ率、回収率の関係性を確認することで、何か傾向がつかめるかもしれません。y軸にパフォーマンス指標（リーチ率・回収率）、x軸に勤続年数を取り、散布図と相関係数を確認してみましょう。

　両セクターとも、相関係数で見ても散布図で見ても、勤続年数とパフォーマンス指標には強い正の相関があるようです。

　リーチ率と勤続年数の関係性については、Aセクターは特に5年以下

図表2-14　勤続年数とリーチ率の散布図

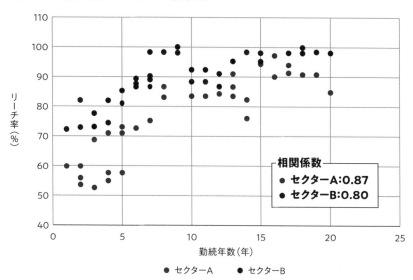

リーチ率（%）

相関係数
● セクターA：0.87
● セクターB：0.80

勤続年数（年）

● セクターA　　● セクターB

のオペレータにはリーチ成功率が低い層がおり、Bセクターに比べてリーチ率のばらつきに幅があることが分かります。また、回収率については、BはAに比べると高い回収率で正の直線を描いているように見えます。一方、AはBに比べると全体的に直線の傾きが大きく、勤続年数による回収率の差が大きいように見えます。

　もちろんデータが1か月分と限定的ですので、より多くのデータで探索をする必要はありますが、勤続年数で見た場合、AとBで傾向の差はみられるものの、ベテランになるほどパフォーマンスが高い傾向にあることは間違いなさそうです。なお、ここでは相関についての傾向を確認しているため、因果関係は把握できないことに注意が必要です。

　このように、散布図を用いた可視化によって、2つの変数の関係性を直観的に把握することができるとともに、ケースにおけるセクターの比較のように複数のデータを比較することが容易になります。

　なお、ケースでは登場しませんでしたが、相関以外の規則性（2次関数など）を持つデータは、相関係数のみではデータ全体の特徴を把握する

図表2-15　勤続年数と回収率の散布図

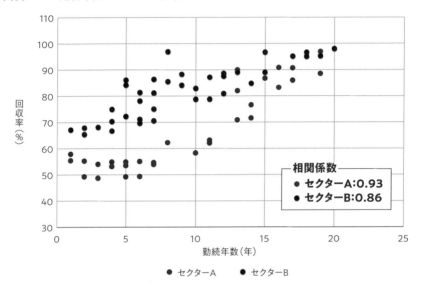

● セクターA　　● セクターB

ことはできませんので、ヒストグラム同様に散布図での確認も必須であるといえます。

③箱ひげ図

　最後に、箱ひげ図について紹介します。ヒストグラム・散布図は見慣れた可視化手法だと思いますが、箱ひげ図は統計学を学んだことのない方にはなじみのない可視化手法かもしれません。

　箱ひげ図もヒストグラムと同様にデータのばらつきを表現した可視化の方法ですが、ヒストグラムとは異なるポイントとして、**統計量である最大値・最小値・四分位点・中央値の情報を直観的に把握することができます。**具体的には図表2-16のようなグラフでデータのばらつきを表現します。箱ひげ図の中には外れ値を考慮した描画の方法もありますが、図表2-16は外れ値を考慮しない場合の描画を示しています。

　データを小さい方から順に並べた場合、最小値からスタートして全体の25％の位置に当たる点が第1四分位点、ちょうど真ん中の50％の位置に当たる点が中央値（第2四分位点ともいいます）、75％の位置に当たる

図表2-16　箱ひげ図の例

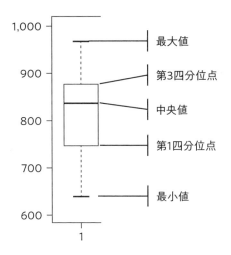

点が第3四分位点、データの最後の値が最大値です。

　場合によっては、上記に加えて平均値がグラフ内に記述される場合もありますが、箱ひげ図で重要なのは、あくまでデータの分布を確認するために四分位点・中央値を使用しているところです。

　それでは、箱ひげ図はどのようなシーンで使用するのでしょうか。箱ひげ図が活躍するのは、主にばらつきの比較をしたい場合です。

　例えば、同じ部品を作っている工場がいくつかあり、その精度を横並びで比較したい場合や、同エリア内の店舗別の客単価のばらつきを比較したい場合などに使用します。比較対象が2、3程度であれば何とかなるかもしれませんが、それ以上となるとヒストグラムや散布図をいくつも並べたところで把握は難しいため、箱ひげ図が重宝されます。

　ばらつきの比較という観点で、箱ひげ図についてもケースを用意しました。今回は比較対象が2つだけのため、さほど違いを感じないかもしれませんが、比較対象が増えていけば便利だということは想像できるかと思います。

　箱ひげ図で回収率を比較すると、パフォーマンスのばらつきの差が非常にわかりやすくなりました。箱の大きさを見ていただければわかる通

図表2-17　箱ひげ図を用いたセクター別回収率の可視化

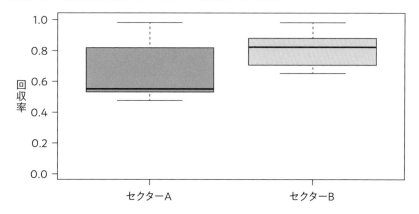

り、Aはばらつきが大きく、Bはばらつきが小さくなっています。

　散布図の結果と総合して考えると、A・B両セクターともベテランは
ある程度高パフォーマンスであるが、特に新人層のパフォーマンスがA
とBでは大きな差があります。もしかするとセクターBは教育制度やフ
ォロー体制がAよりも優れている可能性があり、それが回収のパフォー
マンスに影響を与えているのではないか、という新たな視点で仮説が
広がります。

　可視化の手法については本書で取り扱っていない方法も数多くありま
すが、分析目的や用途に合わせて有効なものを選択することが大切で
す。ビジネスの現場では、高度なモデリングよりもシンプルな可視化が
役立つ場面も多く存在します。また、データ分析のプロセスの中での探
索作業としてのみではなく、分析結果をアウトプットする際に可視化す
ることも多いといえます。

　**分析結果をわかりやすく人に伝えるためには、可視化を有効に取り入
れ、直観的・視覚的情報把握による理解を促すことが非常に重要です。
AI・データサイエンスを語る上で、もちろん高度な分析手法や最新事
例を知ることは重要ですが、いま一度、足元のデータ探索の大切さも心
にとめてほしいと思います。**

　本章では、データの収集・加工、およびデータ探索に焦点を当てて紹介しました。データ収集・加工はすべてのデータ分析のベースとなる非常に重要なフェーズです。さらに、データ探索についても基礎統計・可視化を侮らず、じっくりと生のデータの声に耳を傾けることで、後に実施するデータ分析の質が絶対的に向上していきます。

第3章

分析モデルの構築 I
古典的統計手法によるアプローチ

第3・4章では分析モデルの構築方法について具体的に確認していきましょう。まず、第3章では先進的な機械学習ではなく、古典的統計手法によるモデル構築のアプローチについて触れていきます。

なぜ最先端の手法をいきなり学ばないのかと不思議に思う方もいるかもしれませんが、古典的統計手法では統計学の様々な考え方や方法論を活用した多くの手法が提案されていて、その詳細や幅広さを理解することでAI・データサイエンスにおける多くのエッセンスを吸収することができます。

3-1 / 分析モデルとは?

　本章では、古典的統計手法を用いた分析モデルの構築について触れていきます。読者の皆さんも、多かれ少なかれ分析モデルという言葉を聞いたことがあるのではないかと思います。では、全くデータ分析を知らない方へ分析モデルとは何かを説明してください、といわれたらどうでしょうか。意外と、うまく説明することが難しいのではないでしょうか。本章では初めに、分析モデルという概念が何を指すのか、どこに価値があるのかについて、改めて考えてみましょう。

■ 1　分析モデルの価値

　まずは具体例を通して考えてみましょう。例えば、小売業におけるマーケティング業務では、マーケティング担当がどのようなDM（ダイレクトメール）やメールマガジンを誰に送付すれば、最も顧客の反応率が上がり、売上が伸びるのかを考えています。

　その際、マーケティング担当者の長年の経験や勘に基づいて送付先を決めることもあれば、何歳くらいの顧客が反応しやすいか、男女どちらのほうが反応しやすいか、といった簡単な集計の組み合わせから送付先を決定することもあります。いずれの場合にも、十分なビジネス効果を得られることも多いのですが、より良い方法はないのか、条件の見落としはないのか、熟練の担当者が退職した後に引き継げる人材がいるのか、といった疑問は常に残り続けます。

　その解決方法の一つとなるのが、**分析モデルの導入**です。分析モデルを活用することで、誰がどのような商品を好み、施策を打った際にどの程度の確率で施策に反応してくれるのかを明確な基準で理解できるようになります。分析モデルで想定した条件の中で、最も効果がある最善の方法を特定することが可能ですし、全データを考慮して考えるため、基本的には条件の見落としは生じません（もちろんデータ自体が不足していた場合にはその限りではありません）。また、一度作った分析モデルは誰でも

図表3-1　分析モデルのメリット

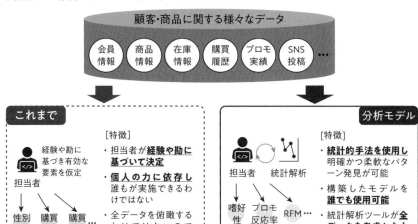

使用できますから、熟練者の退職問題にも一定の解決を図ることができます。

　このように分析モデルは、これまでのビジネスシーンにおけるいくつかの課題を解決してくれる有効な手段だといえます。

　では、具体的にどのように分析モデルが価値を生み出すのか、考えてみましょう。先述のマーケティングの例を引き続き採用します。

　12月に実施する化粧品のクリスマスキャンペーンDMを誰に送るべきかを決めたいというニーズがあったとします。DMは紙媒体のため、どうしてもコストの制約があり、送付できる枚数は限られます。そのため、本当に効果のある顧客に絞り込んで送ることはROIの観点で非常に重要です。

　これまでマーケティング担当が実施してきた簡単な集計をもとにした送付先決定プロセスであれば、①女性で、②年間5回以上自店舗で化粧品の購入があり、③28〜35歳の顧客に送付する、といったように、いくつかの条件の組み合わせで決めることになります。それぞれにビジネ

ス的意図があり、①売りたい商品が化粧品だから、②定期的に自店舗で化粧品を購入してくれているから、③売りたい商品のブランドが20代後半〜30代前半に人気があるから、などが理由として考えられます。

この場合は、①かつ②かつ③とすべての条件を満たす顧客を選定するわけです。ここで、例えば年間10回以上化粧品を購入してくれている、36歳の女性優良顧客がいたらどうでしょう。年齢が35歳を超えているため、①かつ②かつ③の条件には当てはまらず、送付先として選ばれません。しかし、今回のキャンペーンに反応して商品を購入してくれるポテンシャルは高そうに見えます。「じゃあ36歳まで送付先に加えればいいじゃないか」と思うかもしれませんが、他の36歳の顧客に十分なポテンシャルがあるかはまた別の話です。つまり、個別例を追っていくと、送付先の基準を明確化するのは非常に難しいことがわかります。

では、分析モデルを活用した場合はどうなるでしょう。分析モデルにおいては、①性別、②化粧品の購入頻度、③年齢という、先ほどの複数の要素が総合的に考慮され、Aさんは80点、Bさんは45点といったように、DMを送るべきかどうかのスコアが顧客一人ひとりに割り当てられます。

つまり、同じ32歳の女性であったとしても、年間購入回数が5回の顧客と10回の顧客であれば、後者のほうがよりスコアが高くなるということです。そのため、先ほど例として挙げた36歳の顧客は、他の有望顧客より年齢は少し高いものの、年間購入回数が圧倒的に高いため、総合的に考えて高スコアになります。

このように、**人間が手動で決めた画一的なルールに縛られず、顧客個別の特徴に合わせて柔軟にビジネス的判断ができるということが、分析モデルが価値を生み出す仕組み**です。

■ 2　アルゴリズムとの違い

読者の皆さんは、分析モデルと似たような使い方をする言葉で、**アルゴリズム**という単語も耳にしたことがあるのではないでしょうか。それでは、分析モデルとアルゴリズムの違いとは何でしょう。

　正直なところ、これらは万人が同じ定義で用いているわけではなく、AI・データサイエンスに詳しい方ですら無意識に混同していることも多いのが実情です。

　学術上の正確な定義は他の専門書に譲ることとしますが、ビジネスシーンにおける一般的な使われ方では、**アルゴリズムは一つひとつの分析手法を構成する数学・統計学的な理論そのものを指し、分析モデルは特定のデータに対してそれらのアルゴリズムを適用した結果得られる式やルールを指す**ことが多いといえます。

　ビジネスシーンでは、トライアル＆エラーを繰り返しながら分析を進めることになりますが、その中では、インプットデータの種類を変えたり、使用するデータの期間を変えたり、といった方法を試みます。その際に、使用する分析手法は変えずに、データのみを変えて3回モデル構築をした場合、3つの分析結果はすべて同じアルゴリズムで成り立っているが、それぞれ異なる分析モデルから得られた、ということになります。

図表3-2　ビジネスシーンにおける分析モデルとアルゴリズムの違い

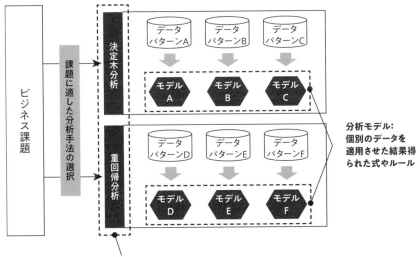

3-2 / 代表的な古典的統計手法

　一言で分析モデルといっても、具体的な分析手法（アルゴリズム）は数多く存在し、分析の目的や使用するデータを考慮しながら、用いる手法を決定する必要があります。本節では、古典的統計手法の概要と、代表的な手法を俯瞰的に見て、分析モデルで何ができるのかという全体感を理解していきましょう。

■ 1　変数の数による分析手法の分類

　統計手法は着目する変数の数によって、大きくその特徴を分類することができます。着目する変数が1つの場合は、すべてのデータを収集して平均や分散など基本統計量を明らかにするような分析が該当します。

　統計学の分野ではこれを**記述統計学**と呼びます。一方で、確率論を用いてデータを推測する分野のことを**推測統計学**と呼びます。

　着目する変数が2つの場合の代表的な分析手法としては、第2章でも触れた**相関分析**や**単回帰分析**があります。これらは二値の関係性について調べることを目的としており、分析プロセスにおける初期段階で、データの基本傾向を知る上では頻繁に行う分析手法です。

　最後に、着目する変数が3つ以上の場合の分析手法です。本節で取り扱う古典的統計手法の多くは、この分類に該当します。3つ以上の変数を取り扱う分析手法には、「**重回帰分析**」「**ロジスティック回帰分析**」「**クラスター分析**」など様々な分析手法があります（分析手法自体は2つの変数でも利用可能ですが、これらの手法は3つ以上の変数の場合に使用されることが一般的です）。

　ここでは分析の大目的によって手法の整理をしていきます。もちろん分析手法の特徴に応じてより詳細化していくことも可能ですが、大きくは「予測」と「要約」という2種類の目的に分けることができます。

図表3-3　着目する変数の数による分析手法の違い

着目する変数の数	概要	分析の例	イメージ
1つ	1つの項目だけに着目して、データを調べること	・基本統計量の算出（平均、分散等） ・…	
2つ	2つの項目の関係に着目して、データを調べること	・相関分析 ・単回帰分析 ・…	
3つ以上	3つ以上の項目の関係に着目して、データを調べること	・重回帰分析 ・ロジスティック回帰分析 ・クラスター分析 ・…	

■ 2　予測モデルの構築

　ここでいう予測とは複数のインプットデータを用いて、目的とする対象データを予測することです。過去のキャンペーンへの反応傾向をもとに今後のキャンペーンに対する反応確率を予測する場合もあれば、コンビニエンスストアにおける過去の販売実績から今後の商品売上を予測するものまで、ビジネスシーンで幅広く活用されている領域です。

　予測したい結果（予測値）を「**目的変数（従属変数）**」と呼び、それらを説明する原因側の変数を「**説明変数（独立変数）**」と呼びます。これらの目的変数、説明変数を適切に設定した上で分析を進める必要があります。

　予測モデル（予測を目的とした分析モデルのことを、これ以降予測モデルと呼びます）を構築することでわかるようになることは大きく2つあります。

　1つ目は、予測モデルという名前の通り、結果がわからないものに対して予測結果を知ることができるという点です。2つ目は、原因と結果

の関係性（＝目的変数と説明変数の関係性）を明らかにすることができるという点です。

　前節で例示した「DMによるキャンペーンへの反応」をもとに考えてみましょう。この例において予測値に該当するものは、顧客一人ひとりがDM送付後にキャンペーンに反応してくれる確率です。Aさんは80%、Bさんは45%といった具合に予測値が得られることになります。

　では、この結果だけで、ビジネス活用を進めるにあたって必要十分な情報だといえるでしょうか。データサイエンティスト自身は分析モデルの詳細も理解しているため、この結果に自信が持てるでしょうが、活用する側のビジネスの現場メンバーは予測値だけを渡されても信用できません。どのような年齢の人が反応確率が高いのか、どのような購買行動の人が反応確率が高いのか、どのようなタイミングだと反応してもらえるのか。キャンペーンを設計する側の視点に立つと、このような詳細な情報が必要だと理解できるでしょう。上記のような情報は予測モデルから得ることができますが、本当に有用な示唆を得るためには、どのようなビジネス示唆が必要とされるかをしっかりと事前に検討した上で、予測モデルの説明変数として組み込まなければなりません。

　また、ビジネスで活用可能なレベルの有用な分析結果を出すためには、目的変数の設計も重要です。

　先述の例でいうと、過去の類似キャンペーンに対する反応結果を0/1の二値で設計するケースが最もシンプルですが、来店してくれただけでも「反応した」と定義するのか、購入まで至った人を「反応した」と定義するのかでも大きく結果が変わることが想定できます。また、DM送付後1週間以内に「反応した」のか、1か月以内に「反応した」のか、という期間の設定でも結果は大きく変わると想定できます。しっかりとビジネス・分析の目的を踏まえた上で詳細な変数設計を行うことが必要です。

　予測モデル構築のためのアルゴリズムも多くの種類が存在します。予測の目的、目的変数の形式や説明変数の形式などによって適する分析手法は異なります。ここでは、予測に関する代表的な3つの手法「**重回帰**

分析」「ロジスティック回帰分析」「判別分析」について、概要を見ていきましょう。

①重回帰分析

　重回帰分析は、複数の説明変数を用いてターゲットとする定量的な目的変数を予測する手法です。数値を予測する手法を回帰手法と呼び、重回帰分析はその代表手法といえます。つまり、重回帰分析は目的変数が100、200といった定量的な数値で表すことが可能な場合に適しています。

　例えば、立地条件や天候、直近の販売実績などから将来の販売数を予測する、または、ソーシャルメディアの閲覧数をもとに販売数を予測する、などのケースです。

　予測結果は商品発注量の決定や、在庫最適化などに活用されることが多いといえます。重回帰分析の結果を活用する際には、モデル構築段階で精度評価（本書では割愛しますが、F検定[*4]を利用したり、決定係数[*5]等を確認します）をしっかりと行い、活用可否を検討することが肝要です。

図表3-4　重回帰分析のイメージ

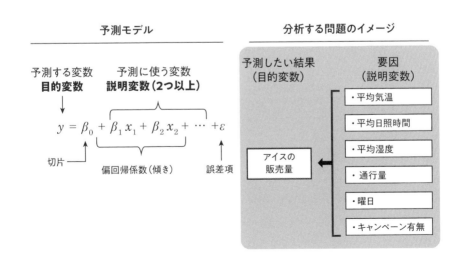

また、重回帰分析を含む回帰系の分析を実施する上で注意すべき点として「**多重共線性**」が上げられます。多重共線性とは、説明変数同士に相関関係があることによって、重回帰分析の予測精度が極端に悪くなったり、不安定になったりする現象です。

　重回帰分析を用いて予測モデルを構築する際には、事前に説明変数間での相関係数を確認し、強い相関関係が発生していないことを確認してから分析を進めることを推奨します。

②ロジスティック回帰分析

　ロジスティック回帰分析は、複数の変数を用いてターゲットとする事象の発生確率を予測する手法です。この場合、目的変数は、「発生した＝1」「発生していない＝0」という1/0の形で表されます。

　例えば、住宅ローンへの加入確率や各施策／キャンペーンへの反応確率の予測に用いられるケースがあります。反応確率の高い人に絞ってキャンペーンを実施することで、施策のROI向上が見込めます。

　また、ロジスティック回帰分析は医療分野でも活用されるケースが多い分析手法です。疾病リスクの予測を行う際に、健康診断結果（血圧、血糖値、コレステロール値等）をインプットし、ロジスティック回帰分析により疾病の潜在リスクを予測するケースなどに用いられます。これによって、事前にリスクの高い潜在的な患者を把握し、発症前に生活を改善することで疾病の発症リスクを抑制するなどの打ち手につなげることができます。

　ロジスティック回帰分析については、近年のビジネスシーンでもいまだに活用頻度が高いため、アルゴリズムの詳細や構築プロセスについて次節で詳細を紹介します。

③判別分析

　判別分析とは、対象となるサンプルを事前に定義された既知のグループに分類する分析手法です。判別の基準をモデル化することにより、新しく得られたサンプルについても、サンプルの持つデータの特徴をもとに所属するグループを判別することができ、疾病判断やスパムメールの判別などに使用されます。

図表3-5　判別分析のイメージ

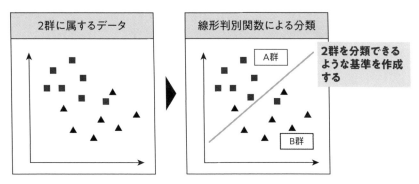

二値の判別をするという点においてはロジスティック回帰分析と近い分析手法といえますが、ロジスティック回帰分析が説明変数と目的変数の関係性（各説明変数が目的変数に与える影響の大きさ）まで把握できるのに対して、判別分析は2つのグループを判別することのみに注力した分析手法であるため、説明変数が目的変数に与える効果については把握することが困難であるといった違いがあります。

判別の精度などは個別のケースに依存するためどちらが良いということは一概にいえませんが、上記の違いも含め、ビジネス目的に応じた使い分けを考えることが重要です。

■ 3　要約モデルの構築

要約とは、複数の変数を用いて、新しい情報にまとめ直すことをいいます。多くの変数を少ない変数で説明することで背景にある潜在的な要因を探索することや、類似のグループを作成することができます。

予測に関連する分析手法では、予測したい"数量"や"確率"といった目的が明確なため、アウトプットされる結果の解釈は比較的容易といえます。しかし、要約に該当する分析手法で出力された結果は、よりデータやビジネスの背景を踏まえた上での読み解きが必要になります。

例えば、要約の代表的手法であるクラスター分析（詳細は後述）を例に考えてみましょう。あるスーパーマーケットが自店で抱える会員顧客の

購買データを用いて、どのような購買志向を持った顧客グループが存在するのかを明らかにしようとしているとします。クラスター分析の結果、販売傾向が類似している顧客がグルーピングされ、いくつかの顧客グループが得られますが、それらのグループがどのような傾向をもったグループであるのかは、グループごとの購買データを詳細に確認して、分析者自身で傾向を言語化する必要があります。

このように、分析結果自体がそのままビジネス示唆になるのではなく、追加で解釈する必要があるのが要約の特徴です。そのため、第2章に登場したデータの可視化や基本統計量の読み解きはもちろんのこと、現場のビジネスの理解が非常に重要になる分析手法の一群だといえます。

それでは、要約に該当する手法の中から「クラスター分析」「アソシエーション分析」の概要を見てみましょう。

①クラスター分析

前述の例の中で少し触れましたが、**クラスター分析は、異なる特徴を持っているデータの集合において、特徴が似ているデータをグルーピングする分析手法です。**

クラスター分析を実施することで、似ているデータ同士を1つにまとめ、それぞれの特徴が異なるように複数のグループをあぶりだすことができるため、データ全体のおおまかな傾向をつかんでビジネスの戦略・方向性を決めることに用いられます。

例えば、市場の細分化に基づくターゲット市場の選定や自社の顧客グルーピングによる施策の打ち分けに使用されるケースがあります。クラスター分析についても、近年のビジネスシーンでなお活用頻度が高い手法であるため、アルゴリズムの詳細や活用事例について3-4節で詳細に紹介します。

②アソシエーション分析

アソシエーション分析は、ある事象から意味のある併買（組み合わせ）の法則性を見つける分析手法です。分析結果より抽出された同時購入される商品（アイテム）の組み合わせを用いて有益なルールを見つけ出す

ことが可能です。

　Xという商品とYという商品の併買傾向を分析する場合であれば、通常の顧客と比較して、X商品を購入している顧客はY商品を何倍買いやすいのかを示すリフト値と呼ばれる指標を計算していきます。

　最も代表的な事例はスーパーマーケットなどの小売店における活用です。購買ルールを把握することで顧客一人ひとりのクロスセルを狙った1to1マーケティングへの活用や、店舗別のレイアウト設計や棚割り、商品配置の最適化などに用いられます。

　また、コールセンターにおける問い合わせ対応においても、顧客からの問い合わせ内容に答えるのみでなく、同様の問い合わせをしている人が同じく抱いている可能性の高い疑問に対して提案型でコミュニケーシ

図表3-6　アソシエーション分析のイメージ

	指標		説明
前提確率	Xの購入者数 / 全顧客数		・全体の中でX（条件部）を購入した人の割合 ・前提確率が大きい場合、Xはメジャーな商品（誰もが買うような）であるといえる
支持度(Support)	XY同時購入者数 / 全顧客数		・全顧客の中でXとYを同時購入した人の割合 ・支持度が大きい場合、XとYの同時購入そのものが大きいことを表す
確信度(Confidence)	XY同時購入者数 / Xの購入者数		・Xを購入した人のうち、Yも購入した人の割合 ・確信度が大きい場合XとYは関連性が強いといえる ※信頼度といわれることもある
リフト値(Lift)	確信度（全体の中でYの購入割合）		・XとYの組み合わせに意味があるのかを表す 　・リフト値<1：商品Xと商品Yは単品で購入される可能性が高い 　・リフト値≧1：商品Xと商品Yは同時購入される可能性が高い 支持度が高く、かつ確信度が高い組み合わせルールであっても、組み合わせ自体は商品Xと商品Yがありふれたものだった場合はその関連性は意味を持たないため、リフト値で判断する必要がある

ョンをとるなどの活用も行われており、顧客満足度（CS）向上に貢献しています。

　アソシエーション分析を行う際の注意点として挙げられるのは、現場担当者の感覚では当たり前の分析結果（組み合わせ）が出るケースが多いということです。この点については、ある程度分析の過程で生み出される支持度、確信度といった指標を正しく理解することで意味のある示唆を抽出することができますが、より重要なことはビジネスの現場を正しく理解している現場の人間とのディスカッションやヒアリングを通して、正しく課題設定することだといえます。

　ここで紹介した手法はあくまで古典的統計手法の一部でしかありません。そのすべてを知識として網羅しておく必要はありませんが、自身が知っている分析手法ありきで物事を考えるのではなく、ビジネスの目的や用いるデータを考慮して、本当に自身の知っている分析手法が適しているのかを常に意識しながら分析手法の選択を行うことが肝要です。

3-3 / ロジスティック回帰分析

　本項では古典的統計手法の代表的手法の一つであり、現在のビジネスシーンでも今なお頻度高く活用されているロジスティック回帰分析について紹介していきます。

■ 1　ロジスティック回帰分析とは

　ロジスティック回帰分析は、ある事象の発生確率に着目した解析手法です。前節で紹介した通り、住宅ローンへの加入確率や各施策／キャンペーンへの反応など、予測したい対象が"加入する／加入しない"や、"反応した／反応しなかった"というように、1/0の二値で表される結果について、データサンプル一つひとつに対しどちらになる可能性が高いかを確率として予測する手法です。

　ロジスティック回帰分析をはじめとした予測モデルを構築する際に用いるデータは、大きく「目的変数」と「説明変数」という2種類に分類できることは先述しました。「目的変数」とはモデルのゴールとなる予測したい結果であり、「説明変数」とは予測結果を説明するための要因側の変数のことでした。

　予測の精度向上やビジネス活用可否を左右する要因の一つとして、どの説明変数を予測モデル構築のインプットにするかということは非常に重要です。予測モデルの精度を業務上必要なレベル以上に高めるために説明変数の選択を行うことはもちろん重要ですが、実際に予測モデルの業務活用もイメージした上で、どのような説明変数を採用すべきか、という観点は不可欠です。

　後述しますが、実際に予測モデルを活用する際には、その予測結果である確率の値そのものに加え、目的変数に対して寄与の大きい説明変数が何であったかという情報も活用していきます。この観点が加わることで、予測モデルに対する関係者の理解が深まり、結果をより正しく解釈することができるとともに、モデル活用のより具体的なアプローチが検

図表3-7　ロジスティック回帰分析の概要

概要	分析イメージ

ロジスティック回帰分析は、複数の変数を使用し、ある事象の発生確率を説明する手法であり、将来の予測モデルとして使用することも可能である

（例）
✓ **多様な顧客情報を用いた購入予測**
　「商品Aを購入するかどうか？」
　＝何%の確率で購入しうるか？
✓ **患者の検査値から病気の発症予測**
　「病気Bを発症するかどうか？」
　＝何%の確率で発症しうるか？

予測したい結果
（目的変数）

キャンペーンに反応するかどうか（何%の確率で購入しうるか）

要因
（説明変数）
・Webページ
・キャンペーン種類
・年齢
・性別
・職業

討できるようになります。

　説明変数を用いて目的変数を予測するといっても、当然ですがデータを並べただけでは目的変数を予測することはできません。目的変数と説明変数の関係性を定式化することで初めて予測が可能です。

　ロジスティック回帰分析を含む回帰分析ではその式のことを**回帰式**と呼びます。分析手法によってこの回帰式は異なり、前節で紹介した重回帰分析とロジスティック回帰分析では異なる回帰式を用いています。つまり、この回帰式の違いが分析手法の差を生み出している大きな要因といえます。

　ロジスティック回帰分析の場合、結果は0〜1の確率値で表されるため、図表3-8のような回帰式をとります。いきなり複雑な式が出てきて面食らうかもしれませんが、図表3-9のように理解をしてもらうとわかりやすいと思います。

　ある説明変数と目的変数の関係性を見ると、目的変数は1/0のどちらかしかありませんので、各データは黒点で示すような$p=0$と$p=1$の直線上に分布することになります。横軸の説明変数が大きくなればなるほど、縦軸のpは1になる割合が増え、逆に横軸が小さいほどpは0になる割合が増えるのは直感で理解できると思います。このpの確率がどれ

図表3-8　ロジスティック回帰分析の回帰式

$$p = \frac{1}{1+\exp\left(-\left(\beta_0 + \beta_1 x_1 + \beta_2 x_2 + \cdots + \beta_n x_n\right)\right)}$$

p：確率の予測値($0 \leqq p \leqq 1$をとる)

※ 目的変数yの事象が発生する確率

x_i：説明変数

$\beta_1 \sim \beta_n$：要因の影響度合い（回帰係数／偏回帰係数）

β_0：切片（回帰式のy軸との交点）

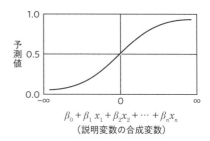

$\beta_0 + \beta_1 x_1 + \beta_2 x_2 + \cdots + \beta_n x_n$
（説明変数の合成変数）

図表3-9　正解データの分布と回帰式の関係性

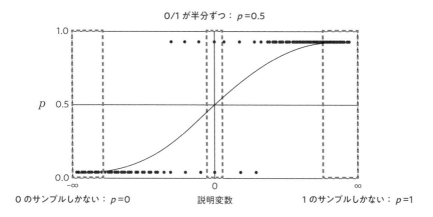

くらいになるかを表現すると、ロジスティック回帰分析の回帰式となる
わけです。本書ではロジスティック回帰分析の回帰式の数学的な導出方
法は割愛します。

　さて、回帰式の説明に戻りましょう。expは数学で自然対数を表すe

（＝2.71828…）を底とした指数関数を意味します。つまり、exp（3）という記載であれば、2.71828…の3乗でおよそ20.09になるということです。

図表3-8のpはゴールとなる予測確率（目的変数）、x_1〜x_nは説明変数、β_0〜β_nは各説明変数に対する影響度合いを表します。目的変数、説明変数はその名の通り変数であるのに対して、βは予測モデルに対して一意に決まる具体的な定数です。予測モデル構築のプロセスを踏むことで最適なβの値が確定します。それぞれのβに具体的な数値が入った状態の回帰式に対して、それぞれのデータサンプル（キャンペーンの例でいえば顧客一人ひとり）の説明変数の値（性別・年代、購買頻度、過去のキャンペーン反応実績等）を代入していくことで、そのデータサンプルにおけるゴールとなる事象の発生確率が求められるというわけです。

■ 2　ロジスティック回帰分析の分析ステップ

ロジスティック回帰分析の分析ステップは、大きく①データ準備・加工、②モデル構築、③モデル評価の3段階に分けられます。

①データ準備・加工

繰り返しになりますが、ロジスティック回帰分析の目的変数として扱うことができるのは量的データのうちの二値の離散データ（0/1で表される二値）です。一方、説明変数として扱えるのは量的データであれば連続データ、離散データの両方が使用可能です。質的データの場合には、後述するように量的データへの変換が必要になります。これは大前提としておさえておきましょう。

続いて、変数の加工についてです。目的変数と説明変数の加工に分けてポイントを順に触れていきます。前述の通り、ロジスティック回帰分析の目的変数には二値の離散データを扱いますが、データを得た段階では、"反応する/反応しない"といったような質的データであることが大半です。

ロジスティック回帰分析を実施する場合には、この質的データを適切に変換し分析を行う必要があります。特定の分析パッケージやソフトウェアでは質的データのままロジスティック回帰分析を実行することが可

能な場合もありますが、一般的には質的データをそのままの形で分析に使用することは難しいため、分析者自身が二値データ（0/1）に変換をします。

　実際に分析者が分析を行う場合はPythonやRを使用するケースが多いと思いますが、その場合の目的変数の加工は、二値データを準備するというここまでの作業で終わり、これ以降のプロセスはそれぞれの分析ソフトウェアで内部処理として実行されます。

　理論の理解という意味で、内部処理される内容も重要ですから、確認していきましょう。図表3-8で示した通り、ロジスティック回帰分析で得られる予測値は0〜1の連続値で表されます。これは、質的変数から変換された二値データを、目的変数の発生確率の比（p /1-p が発生確率の比を指します）の対数（log）を使った関数にすることで、0〜1の範囲をとる量的データに変換しているのです。

　このように、**目的変数の発生確率の比のことをオッズ（Odds）と呼**

図表3-10　目的変数の変換フロー

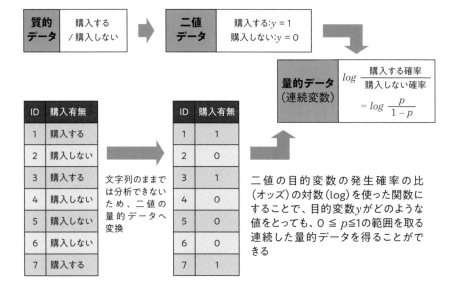

び、オッズの自然対数をとったものを対数オッズと呼びます。

　このオッズという概念がロジスティック回帰分析の根幹をなしている概念です。前述した「DM施策への反応」を例にオッズを考えてみましょう。図表3-11は過去1か月以内で自店舗での購入実績有無とDMへの反応実績の表です。（1）過去1か月以内に購入経験がある人がDMに反応するオッズAと、（2）過去1か月以内に購入経験のない人がDMに反応するオッズBを求めることができます。

　それぞれ図表の値に沿ってオッズを算出するとオッズA=1.5、オッズB=0.25となります。オッズが1.0の場合、事象の発生確率と発生しない確率が同じになり、1より大きい場合、事象の発生する確率が発生しない確率よりも高くなることから、過去1か月以内に購入経験がある人はDMへの反応率がより高いことを理解できます。

　また、2つのオッズの比率をとることでオッズ比（Odds Ratio、一般的にrと表現する）を求めることができ、オッズAとオッズBのオッズ比からは過去1か月以内に購入経験がある人はない人に比べて何倍DMへの反

図表3-11　オッズ比計算の具体例

過去1か月以内 での購入有無	DMへの 反応実績
購入あり	反応あり
購入あり	反応あり
購入あり	反応あり
購入あり	反応なし
購入あり	反応なし
購入なし	反応あり
購入なし	反応なし
購入なし	反応なし
購入なし	反応なし
購入なし	反応なし

文字列のままでは分析できないため、二値の量的データへ変換

過去1か月以内 での購入有無	DMへの 反応実績
1	1
1	1
1	1
1	0
1	0
0	1
0	0
0	0
0	0
0	0

オッズA = 0.6 / (1 - 0.6)
　　　　 = 1.5

オッズB = 0.2 / (1 - 0.2)
　　　　 = 0.25

r = オッズA / オッズB
　 = 1.5 / 0.25
　 = 6.0

応確率が高いのかを計算できます。今回の例でいうと、過去1か月以内に自店舗での購入実績がある顧客の方が6倍DMへの反応確率が高いことがわかります。

　ここでは、過去1か月以内の購入実績有無という1/0の説明変数で例示しましたが、もちろん購買回数、金額などの連続変数を用いても同様の考えが適用できます。連続変数の場合にどのような計算になるかは、ぜひ身近な例を使ってご自身で試してみてください。

　次に説明変数の加工に話を移します。説明変数の加工で特に気を付けるべきポイントとして、質的データの扱いが挙げられます。説明変数の場合も、分析を行う際には質的データのままではなく、量的データに変換する必要があります。

　目的変数の場合は二値の前提がありましたが、説明変数の場合はカテゴリが複数に及ぶケースもあるので、対象の質的変数のパターンの数だけ二値の説明変数を新規で追加することですべての質的変数のパターンを表現します。一般的にはこの数量データに変換された変数を**ダミー変数**と呼びます。

　図表3-12では質的データで表された曜日情報をダミー変数に変換するプロセスを示しています。

　曜日情報ですから、月曜日から日曜日まで7種類が存在し、この場合は月曜日から土曜日までの6つの説明変数を新規で追加しています。1週間は7日ありますが、6つの説明変数ですべて0が設定されている場合も含めることで、すべての曜日を表現できることから、カテゴリ数－1の説明変数を追加することが一般的です。このような変換処理のことを**ダミー変数化**と呼びます。

　カテゴリ数分だけ説明変数を追加したほうが楽じゃないかと考えるかもしれませんが、これには多重共線性を避けるという重要な意味があります。

　例えば、性別のデータをイメージしていただくとわかりやすいと思いますが、性別をダミー変数化すると、男性と女性という2つのダミー変

図表3-12　ダミー変数化のイメージ

週は7日あるが、6項目で情報としては十分

日付	入場者数	曜日
9/1	28	月
9/2	46	火
9/3	32	水
9/4	33	木
9/5	19	金
9/6	132	土
9/7	110	日

日付	入場者数	月	火	水	木	金	土
9/1	28	1	0	0	0	0	0
9/2	46	0	1	0	0	0	0
9/3	32	0	0	1	0	0	0
9/4	33	0	0	0	1	0	0
9/5	19	0	0	0	0	1	0
9/6	132	0	0	0	0	0	1
9/7	110	0	0	0	0	0	0

月〜土のフラグがゼロ（月〜土でない）ことによって、日曜のデータは判別可能

数を作成することになります。

　2つの変数は裏表の関係ですので、互いに強い相関を持っていることになってしまいます。この場合、多重共線性の観点から分析結果の信頼性は下がってしまうため、先述した通り、意図的に片方のデータは削除することになります。

②モデル構築

　続いて、ロジスティック回帰分析のモデル構築について見ていきます。ロジスティック回帰分析は先述の回帰式の通り、インプットとなるデータセットをもとに回帰式上の回帰係数：β（インプットした説明変数に対する重み）を算出します。

　回帰係数はインプットしたデータをもとに、モデルから得られた予測値と実際の観測値のずれ具合が最小になるように設定されます。予測値と観測値のずれ具合は逸脱度という目的変数（二値）の値と、その値を取らない確率（対数）の積を足し合わせた指標で表され、この指標を最小化するように回帰係数が設定されます。逸脱度についての、数学的解説は本書では割愛します。

　ロジスティック回帰分析において算出される回帰係数の考え方には少し注意が必要です。単回帰・重回帰分析は線形性が前提であるため、各説明変数の変化と目的変数の変化は比例関係でしたが、ロジスティック回帰分析は非線形な関係性に基づいてるため、回帰係数の影響は一様ではありません。

　図表3-13は単回帰分析とロジスティック回帰分析における回帰係数の影響を表したものです。単回帰分析のグラフは横軸に気温を表しており、何度から何度であろうと、1度上昇した場合の販売数（縦軸）へ与える影響は2.15個と一様です。それに対して、ロジスティック回帰分析の場合、横軸に年齢をとっていますが、33歳から38歳に変化した場合と70歳から75歳に変化した場合では縦軸への影響は一様ではなく、高齢になると縦軸の確率pへの影響度合いが小さくなることがわかります。

　再三になりますが、ロジスティック回帰分析を実行した場合に出力される結果は目的変数で設定した事象に対する確率値です。この確率値に

図表3-13　単回帰分析・ロジスティック回帰分析における回帰係数の影響変化

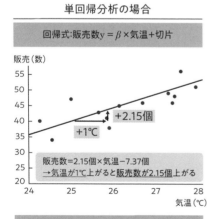

単回帰分析の場合、「気温」という説明変数の回帰係数が2.15となっており、気温が1度上がるにつれて2.15個アイスの売り上げが上がることを意味しています

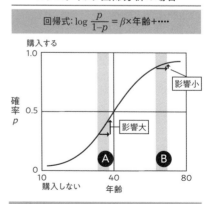

ロジスティック回帰分析の場合、説明変数xに対する回帰係数の影響はxの値によって変化します。購入有無に対する「年齢」の影響をみたい場合、AとBの範囲では影響度合いが異なることが分かります

対して予測結果を判定するための閾値（限界値）のことを**カットオフ値**と呼びます。

「DM施策への反応」を例にとった場合、ロジスティック回帰分析で出力される値は顧客一人ひとりに対するDMへの反応確率（0.1、0.5、0.8…等）であり、DMに反応する／しないという二値の結果ではありません。分析者がカットオフ値を自身で設定し、確率を二値の予測結果に変換することで、初めて「DMに反応する／しない」という二値の予測結果を得ることができます。

ロジスティック回帰分析においては、0.5をカットオフ値とし結果を判定することが一般的ですが、実際のビジネスシーンでは以下のような観点で"何を重視するか?"によってカットオフ値を変えることが重要となります。

例えばビジネス要件や分析の目的から、「少しでもDMに反応する顧客を幅広くターゲットとして捉えてキャンペーンを実施したい」場合には、カットオフ値を0.5以下に設定することもあります。ただし、カッ

図表3-14　ロジスティック回帰分析におけるカットオフ値

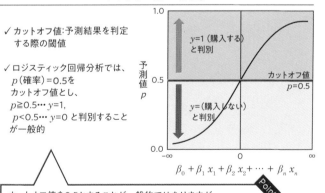

結果のイメージ

ID	p		y
1	0.7		1
2	0.8		1
3	0.2	判定	0
4	0.1		0
5	0.4		0
6	0.6		1
7	0.9		1

$0 \leqq p \leqq 1$の範囲を取り、pの結果を基に、yを0または1と判別する
→判定する際の閾値が必要

カットオフ値の考え方

✓ カットオフ値：予測結果を判定する際の閾値

✓ ロジスティック回帰分析では、p（確率）=0.5をカットオフ値とし、$p \geqq 0.5$…$y=1$、$p<0.5$…$y=0$ と判別することが一般的

$y=1$（購入する）と判別

$y=0$（購入しない）と判別

カットオフ値 $p=0.5$

予測値 p

$\beta_0 + \beta_1 x_1 + \beta_2 x_2 + \cdots + \beta_n x_n$

カットオフ値を0.5とすることが一般的ではありますが、実際のビジネスシーンでは以下のような観点で**"何を重視するか?"によってカットオフ値を変える**ことが重要となります。
・ビジネス要件・分析の目的
・データの特性（不均衡データの場合など）

Point

トオフ値をむやみに低くすることで、本来可能性の低い顧客に対して訴求してしまい、ROI低下や、不要なDMを顧客に送付することによる顧客満足度の低下を招くおそれもあります。

　一方、カットオフ値を高く設定し、少ない送付数の中で本当に重要な顧客のみに送付先を絞って高効率を目指すこともあります。つまり、ビジネス上のメリット／デメリットをしっかりと理解した上で、カットオフ値を設定する必要があるということです。

　予測モデルに限った話ではありませんが、分析モデルを構築する際には毎回分析者がモデルの評価を行った上で、活用可否を判断する必要があります。次に、予測結果と実績の値をマトリクス形式で比較する混同行列と、視覚的に理解が可能なROC、AUCという評価の考え方を紹介します。

③混同行列を用いたモデル評価

　混同行列（Confusion Matrix）とは、予測モデルにおける予測結果（0/1）と実際の結果（0/1）の組み合わせから結果を2×2の4カテゴリに分類した表のことを指します。混同行列は、真陽性（True Positive）、真陰性（True Negative）、偽陽性（False Positive）、偽陰性（False Negative）の四象限で、検証データの予測結果を整理したもので、モデルの評価では最も使用する必須の概念です。

　「DMへの反応有無」（反応あり：1、反応なし：0）を目的変数としてロジ

図表3-15　混同行列（Confusion Matrix）

	実際の結果 Yes	実際の結果 No
予測結果 Yes	①真陽性（TP）(True Positive)	②偽陽性（FP）(False Positive)
予測結果 No	③偽陰性（FN）(False Negative)	④真陰性（TN）(True Negative)

ステック回帰分析を行い、精度検証を行った場合であれば、次のように表現することができます。

- 真陽性（True Positive）：反応ありと予測し、実際に反応あり
- 真陰性（True Negative）：反応なしと予測し、実際に反応なし
- 偽陽性（False Positive）：反応ありと予測したが、実際は反応なし
- 偽陰性（False Negative）：反応なしと予測したが、実際は反応あり

　この混同行列を用いて、さらに図表3-16の指標でモデルを評価しますが、どの指標を使用するか・重要視するかはビジネス目的によってケースバイケースです。

　例えば、クレジットカードの不正使用を予測する場合、一つの不正の見逃しが大きな損失につながることは想像に難くないでしょう。すなわち最も取りこぼしたくないのは、「モデルでは不正ではないと予測されたのに、実際は不正であった」というケースです。その場合は再現率（Recall）を重視した評価を行います。再現率は、実際はYesだったもののうち、正しくYesと予測されたものの件数を表したものであり、再現率が低い場合、本当はYesなのに誤ってNoと判断してしまっているケースが多いことを表します。このため、クレジットカードの不正使用の場合は、再現率が極力高くなるようにモデルを構築する必要があります。

　また、開封確率や購入確率の高い層に向けて効率的にDM送付をしたい場合は、適合率（Precision、精度とも呼びます）を重視した評価を行います。適合率は、Yesと予測したもののうち、実際にYesだったものの件数を表していることから、反応してくれる可能性の高い顧客に高ROIでプロモーションを実施したい場合には、適合率が高いモデルを構築する必要があります。DM送付の場合は、DMの送付数が増えるほどコストがかかるため、上記のように適合率を重視することが多いといえますが、メルマガであれば紙代などのコストがないため、取りこぼしのないようメール開封の再現率のほうを重視することもあります。

図表3-16　混同行列を用いた指標の詳細

正解率 （Accuracy）	$\dfrac{TP + TN}{TP + FP + FN + TN}$	・すべての判定対象のうち、正しく予測された件数
誤分類率 （Misclassification rate）	$\dfrac{FP + FN}{TP + FP + FN + TN}$	・すべての判定対象のうち、誤って予測された件数
適合率 （Precision）	$\dfrac{TP}{TP + FP}$	・Yes と予測されたもののうち、正しく予測された件数
再現率 （Recall）	$\dfrac{TP}{TP + FN}$	・実際は Yes だったもののうち、正しく Yes と予測されたものの件数
F値	$2 \times \dfrac{適合率 \times 再現率}{適合率 + 再現率}$	・再現率と適合率 の調和平均

　このように、使われるビジネスシーンや目的によって、重要視する指標が異なることを理解・選択できるようになることが、混同行列を使いこなして、分析モデルを評価できるようになるためのポイントであるといえます。

　上記に加えて、予測結果を軸に判定結果の正誤を表す真陽性率と偽陽性率という指標もあります。実際の結果がYesであるものを正しくYesと予測した割合を真陽性率（先述の再現率と同じ定義です）、実際の結果が

図表3-17　真陽性率と偽陽性率

混同行列

	実際の結果 Yes	実際の結果 No
予測結果 Yes	①真陽性（TP） （True Positive）	②偽陽性（FP） （False Positive）
予測結果 Yes	③偽陰性（FN） （False Negative）	④真陰性（TN） （True Negative）

● **真陽性率**（True Positive Rate）

$\dfrac{TP}{TP + FN}$　実際の結果がYesであるものを正しくYesと予測した割合

● **偽陽性率**（False Positive Rate）

$\dfrac{FP}{FP + TN}$　実際の結果がNoであるものを間違ってYesと予測した割合

Noであるものを間違ってYesと予測した割合を偽陽性率といい、真陽性率と偽陽性率はトレードオフの関係にあります。偽陽性率が低く、真陽性率が高いモデルが良いモデルであると言えます。

また、②モデル構築のプロセスの最後に、カットオフ値を基準に発生確率を二値へ変換するプロセスを紹介しました。このカットオフ値を変化させることで、二値判定の結果も変化するため、当然のことですが混同行列を用いた精度評価にも影響を及ぼします。

例えば図表3-18では、予測モデルによって得られた発生確率pに対して、0.5と0.8という異なる二つのカットオフ値を設けた場合の混同行列を算出しています。一般的なカットオフ値0.5を用いた場合には真陽性率＝1.00、偽陽性率＝0.25という結果に対して、より閾値を上げた0.8という値を用いた場合、真陽性率＝0.67、偽陽性率＝0.00と結果が変化することがわかります。

閾値を上げることで「実際の結果がNoであるものを間違ってYesと予測した件数」を表す偽陽性率は低下したものの「実際はYesだったも

図表3-18　カットオフ値を変更した場合の真陽性率・偽陽性率の変化

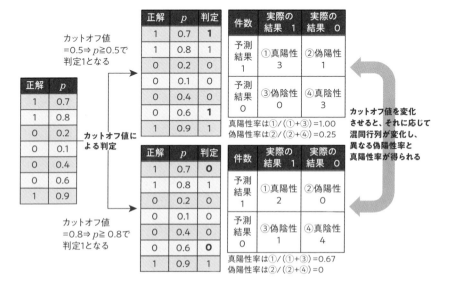

ののうち、正しく Yes と予測されたものの件数」を表す真陽性率まで低下してしまいました。

　このように、一般的には真陽性率と偽陽性率はトレードオフの関係性にあるため、両方の指標が改善されるよう、バランスを見ながらカットオフ値を設定していく必要があります。

④ ROC曲線/AUC を用いたモデル評価

　次に、モデル評価の方法として、ROC 曲線（**R**eceiver **O**perating **C**haracteristic curve）という考え方を紹介します。ROC 曲線はカットオフ値を変化させた場合のモデルの真陽性率（縦軸）と偽陽性率（横軸）を二次元グラフ上にマッピングした曲線です。ランダム推定の場合、真陽性率と偽陽性率は等しくなりますので、ROC は直線として表現されますが、もし精度の高いモデルであれば偽陽性率が低い段階で高い真陽性率が得られるため、直線よりも上側に大きくカーブした曲線を描くことになります。

　図表3-19のような病気の判定におけるカットオフ値の異なる A 点と B 点について考えてみましょう。

　A 点では、正常の人を病気と診断してしまう偽陽性率は0.24と低いですが、正しく病気と判断される真陽性率も0.55と高くありません。つまり、本当は病気の人を多く見逃してしまいます。一方で B 点では、真陽性率が0.75と上がりますが、同時に偽陽性率も0.46と上がってしま

図表3-19　ROC曲線

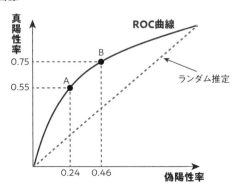

図表3-20　AUCを用いた複数モデルの精度比較

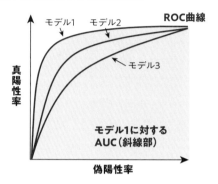

い、正常者を病気と判断してしまう数も多くなります。

　このように、混同行列ではカットオフ値が一意に決まった状態での指標算出しかできませんでしたが、ROC曲線を用いることでカットオフ値の検討を真陽性率と偽陽性率という観点から視覚的に確認が可能になるため、モデル評価時には必ず実施しなければならないプロセスとなっています。もちろん混同行列によって適合率やF値などの別の指標で評価を行う必要があるケースも存在するため、両方のモデル評価方法を理解して、多面的に解釈を行うことが重要です。

　また、ROC曲線と横軸で囲まれた部分の面積からモデル評価を行うAUC（A̲rea U̲nder the C̲urve）という指標も存在します。

　AUCは0から1の値で表現され、ランダムに推定した場合のAUCは0.5となります。モデルの精度が優れているほど、ランダム推定の直線より上側にカーブが描かれるため、面積は0.5より大きくなり、値が1.0に近いほど、精度の良いモデルであることがわかります。AUCは図表3-20のように複数のモデルの精度差を比較する際に、頻繁に用いられる指標の一つです。

■ 3　モ デ ル 評 価 時 の 注 意 点：不 均 衡 デ ー タ

　予測モデルの構築・評価を行う際に注意しなければいけないケースとして、インプットとして使用した目的変数のデータが不均衡であるケー

スがあります。このデータを不均衡データと呼びます。

　不均衡データとは、主に目的変数において正解となるサンプルサイズ
が極端に少ないデータの場合を指します。図表3-21は不均衡データの
イメージを表したものです。薄い色で示した不正解のサンプル数より
も、濃い色の正解サンプル数の方が全体として少ないことがわかると思
います。また、どの範囲で区切ったとしても、濃い色の正解サンプル数
の比率は区間によって異なるものの、すべての区間で薄い色のサンプル
数のほうが多い状態であることもわかります。

　このようなデータを用いて予測モデルを構築した場合、「データ数が
多い不正解側に分類されやすくなってしまう」「モデルの評価の際に、
混同行列では評価しにくい」「不均衡の比率以上に、不正解サンプルに
比重をおいて学習されてしまう」といった問題が発生します。

　ビジネスの場面では、交通事故や故障検知など、まれな事象を正解デ
ータとした不均衡データに出会うことが頻繁にあります。

　図表3-22は均衡データ、不均衡データそれぞれで予測モデルを構築
し、カットオフ値＝0.5で二値の予測結果を評価した結果です。不均衡
モデルの場合、正解率（Accuracy、すべての判定対象のうち正しく予測された
件数）は0.92と非常に高いのですが、それ以外の指標の精度が著しく低
いことがわかります。これは、インプットデータにおける正解データの
割合が著しく低いため、不正解を不正解と判定できた数が多いことで正

図表3-21　不均衡データのイメージ

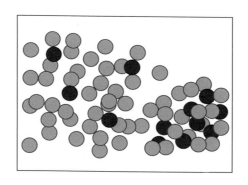

図表3-22　不均衡データにおける混同行列

均衡データ	混同行列				各評価指標		
	件数	実際 Yes	実際 No	合計	正解率	0.92	
	予測 Yes	860	65	925	適合率	0.93	
	予測 No	90	885	975	再現率	0.91	
	合計	950	950	1,900	F値	0.92	

正解と不正解をバランスよく予測できており、**正解率で判断することができる**

不均衡データ	混同行列				各評価指標		
	件数	実際 Yes	実際 No	合計	正解率	0.92	
	予測 Yes	60	400	460	適合率	0.13	
	予測 No	1,500	20,000	21,500	再現率	0.04	
	合計	1,560	20,400	21,960	F値	0.06	

正解率は高いが、正解をほとんど正しく予測できておらず、**正解率で判断することができない**

解率が高く算出されているだけであり、決して正解を予測する力が高いわけではありませんので注意が必要です。

　不均衡データの場合には、予測モデル構築前に正解データと不正解データの比率をある程度調整したり、損失関数を操作し正解データと不正解データの学習度合いに重み付けを行う、あるいはカットオフ値を0.5から適正な値に変更する、などの対応が必要です。

　特に、正解・不正解のデータ比率の調整では、2つの方法が用いられます。正解側のデータを複製し、無理やり不正解データと近しいデータ量を用意するオーバーサンプリングという方法と、逆に不正解データをすべて用いず一部の不正解データのみを使用して正解データとの比率をそろえるダウンサンプリングという方法があります。

　いずれも元のデータを無理やり加工している状況ですので、本来のデータ分布が極端に変化していないようなサンプリングになっているかは注意を払う必要があります。

■ 4　ビジネスシーンでの活用

　本節の最後に、ビジネスシーンにおける活用のイメージをより膨らませるために、ある銀行におけるクレジットカードの貸し倒れリスク予測のケースを考えたいと思います。

　Z銀行では全社的にテレビCMやポイントキャンペーンによるユーザー数拡大の取り組みを行っていましたが、利用者の拡大に伴い、貸し倒れ率が増加傾向にあり、審査部、マーケティング部、営業部などを巻き込んだ対策の検討・実施が求められています。

　このようなケースでは、顧客データを用いてロジスティック回帰分析を行い、「貸し倒れリスクの高い顧客、低い顧客の特定」と、「貸し倒れリスクの高い人、低い人の特徴把握」を行うことは有効な対策の一つです。

　まず「貸し倒れリスクの高い顧客、低い顧客の特定」についてですが、顧客データを用いてロジスティック回帰分析を行うことで、顧客個人ごとに貸し倒れリスクスコアを算出することが可能です。この予測結果のシンプルな活用方法としては、スコアの高低をもとに貸し倒れリスクの高い人を特定し、該当顧客には融資を行わないことです。カットオフ値を適切に設定すれば、効率的に貸し倒れリスクの高い顧客を融資対象から除外できるため、業務の効率化にもつながります。

　ただし、実際の貸し倒れ発生確率が極めて低いケースにおいては、カットオフ値のデフォルトである0.5を超えるような予測結果がほとんど得られないような場合もあります。

　このような場合の分析アウトプットの使い方としては、予測値として算出した発生確率pを降順に並び替え、相対的に貸し倒れリスクの高い上位顧客から順にアプローチしていく方法も考えられます。上位何%を施策実施対象とするかは、決定した施策が一人当たりどれくらいのコストがかかり、本取り組みでトータルでどれくらいのコストが使用可能なのかをもとに、上位何%まで対象とすることが可能なのかを計算するこ

とで決定していきます。

　次に結果と原因の関係性について考察してみましょう。目的変数（＝貸し倒れしたかどうかという結果）に対する各説明変数の影響度合いは、ロジスティック回帰分析ではオッズ比という指標で表されることを前段で確認しました。図表3-23は本ケースにおける各説明変数のオッズ比を表しています。この結果を読み解くと、申込理由が子供の教育費や車の購入のためと答えている顧客や無理な分割払いをしている顧客は、貸し倒れリスクが1.5倍以上になることがわかります。

　オッズを用いた考察のみでも非常に有益な情報が得られますが、実際のビジネスシーンで効果を生む施策の検討までつなげるためにもう一段深掘りをしてみましょう。図表3-24のように、全体の顧客を先述のロジスティック回帰分析の発生確率pをもとに、"貸し倒れリスクが低いグループ"と"貸し倒れリスクが高いグループ"の2つに分類します。それぞれのグループに対する顧客の特徴を図表3-23のオッズ比や、追加で顧客データを基礎分析することで洗い出します。

　ここで重要なのは、変数のオッズ比を読み解く際にはオッズ比の高いものだけに注目しましたが、貸し倒れリスクの低い側の特徴について、逆にオッズ比の極端に小さいものからヒントを得るということです。

　本事例でいえば、例えばオッズ比が0.45と小さい「申込時に他社のクレジットカードを持っているか」という変数が該当します。その上で、より対応策の検討イメージが湧くように、顧客の特徴から想定ペル

図表3-23　説明変数別のオッズ比

#	変数名	オッズ比
1	年齢	0.99
2	申込時に他社のクレジットカードを持っているか	0.45
3	申込時の住居が持ち家か	0.54
4	申込時の住居が賃貸か	0.77
5	申込理由が教育費用か	2.29
6	申込理由が家具購入か	1.05
7	申込理由が車購入か	1.83
8	可処分所得に対する分割払いの比率が高いか	1.54
9	申込時の銀行口座残高水準	0.62

図表3-24　施策への落とし込みプロセスのイメージ

	貸し倒れリスク低	貸し倒れリスク高
顧客の特徴 （オッズより判断）	・他社のクレジットカードも保有 ・車、教育などのライフステージに絡んだ特定利用を志向していない ・口座残高が多い	・車、教育などのライフステージに絡んだ特定利用を志向してる ・口座残高が少ない ・分割払いが多い
想定ペルソナ	・資産を多く保有している富裕層 ・今後大きなライフステージに紐づく出費がないシニア層	・ライフステージに紐づく出費が大きい子育て世帯 ・所得の少ない単身世帯 （相反するが共存している可能性は有り）
実施施策	**富裕層・シニア層の認知率向上** ・DM などの 1to1 マーケ施策の強化 ・特定層の PV が見込める専門紙への広告 出稿 **既存の富裕層・シニア特化の商材の販促** ・ライフステージに紐づかない富裕層・シニア層の購買傾向に紐づいた金融商材の提案	**特定層の審査基準厳格化** ・子育て世帯、所得の少ない単身世帯の審査基準を厳格化し、貸し倒れリスクの高い顧客を入り口で防ぐ **上限金額の引き下げ** ・既契約者の貸し倒れリスクを踏まえて上限金額を引き下げ、貸倒率の低下を図る

ソナ（商品・サービスを利用する顧客の中で最も重要な人物モデル）を作成します。そのペルソナを参考に、具体的な施策を関連部署が実施できる打ち手（販促・営業活動や審査基準等）に紐づけながら組み立てることで、より具体的かつ、効果的な施策を検討することができます。

3-4 / クラスター分析

　本節では古典的統計手法における要約の代表的手法の一つであるクラスター分析について紹介します。

■ 1　クラスター分析とは

　クラスター分析は、特徴が似ているデータをグルーピングする分析手法です。 クラスター分析を実施することで、似ているデータ同士を一つにまとめ、それぞれの特徴が異なる複数のグループをあぶりだすことができるため、データ全体のおおまかな傾向をつかんでビジネスの戦略・方向性を決める場合に用いられます。

　クラスター分析には大きく「**階層型クラスター分析**」と「**非階層型クラスター分析**」の2つがあります。それぞれの手法にはメリット・デメリットがあるため、ビジネスシーンにおいては、状況に応じて使い分けを行うことが大切になります。

　階層型クラスター分析と非階層型クラスター分析のアルゴリズムの概要について説明していきます。

①階層型クラスター分析

　階層型クラスター分析とは、各データサンプルを一つのクラスターとみなして分析を開始し、それらをデータ空間上の距離が近いものから統合していくことでクラスターを作成する手法です。

　階層型クラスター分析の代表的な手法として **Ward法** があります。Ward法では、まずサンプルそれぞれをクラスターとみなし、すべての組み合わせについてサンプル間の平均値を算出し（図表3-26中の平均値 α）、偏差平方和（ばらつき）[*6]を求めます。この偏差平方和が最小になるようにサンプル同士を融合させ、クラスターを作成します。更に、作成されたクラスターの平均値（図表3-26中の平均値 β）と、残りのサンプルとの偏差平方和を再び求め、偏差平方和が最小となるサンプルと再び融合します。すべてのサンプルが一つのクラスターに属するまで融合を

図表3-25　クラスター分析のイメージ

分類	イメージ・利用例	概要	メリット・デメリット
階層型	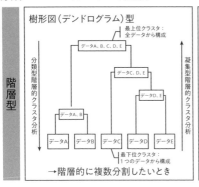 →階層的に複数分割したいとき	クラスター間の関係を階層構造で表現する手法 クラスター内の偏差平方和（ばらつき）が小さくなるようにクラスターを作成する	データ間の類似関係を分かりやすく確認できるため、データ構造に関する洞察が必要な分析に適する データボリュームが大きい場合処理時間がかかる
非階層型	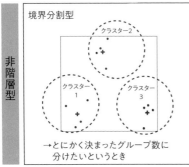 →とにかく決まったグループ数に分けたいというとき	クラスター数を最初に決定する手法 クラスター境界を決定後、各クラスターの重心を最適化する配置を繰り返し、クラスターを作成する	階層的手法と比べ、計算効率が高いため、ボリュームが大きいデータの分析に適する 事前に決めたクラスター数に結果が左右される

繰り返し、デンドログラム（樹形図）として階層型に作成された分析結果から、クラスターの特徴が判断しやすい段階を選択します。

　Ward法は、データ間の類似関係を分かりやすく確認できるため、データ構造に関する洞察が必要な分析に適しています。一方で、すべてのサンプル間の距離を計算しなければならないため、データボリュームが大きい場合、非階層型にくらべて処理時間がかかるといったデメリットもあります。

②非階層型クラスター分析

　非階層型クラスター分析は、あらかじめクラスター数を設定しておき、設定したクラスター数に応じてランダムで種（シード）と呼ばれる

図表3-26　階層型手法（Ward法）クラスタリングプロセス

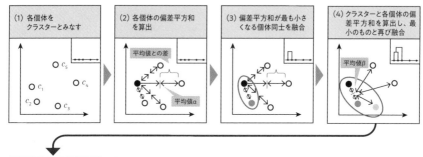

(1)各個体がクラスターとみなす。
(2)個体の全ての組み合わせについて、個体間の平均値αを算出し、偏差平方和を求める。（実際は全ての個体について同様の計算が行われる。）
(3)偏差平方和が最小になる個体同士を融合させ、クラスターとする。
(4)作成されたクラスターの平均値βと、残りの各個体との偏差平方和を再び求め、最小となるものを再び融合する。
(5)全ての個体が1つのクラスターに属するまで融合を繰り返す。階層型に作成されたクラスターから、クラスターの特徴が判断しやすいものを選択する。

データポイントを配置し、空間上でどの種に最も近いかという分類によってグループを作成する方法です。

　非階層型クラスター分析の代表的な手法として**k-means法**があります。k-means法では分析者自身がクラスター数を設定することから分析が始まります。設定されたクラスター数に合わせてランダムに初期値として種が設定され、それぞれの種の組み合わせごとに垂直二等分線が引かれ、クラスターの境界が決定されることで、分割が行われます。それぞれのクラスターで重心を求め、これを新たな種と定義します。その後、新たな種（＝重心）の間で同様に垂直二等分線を引くことで、クラスターの境界を再設定します。このように、クラスターごとの重心の計算と新しい重心を種としたクラスター境界線の再作成を繰り返し、クラスターの入れ替えがなくなるまで続けます。

　非階層型クラスター分析は、階層型クラスター分析と比較し計算効率が高いため、ボリュームが大きいデータの分析に適しています。ただし、非階層型クラスター分析では、最初に設定するクラスター数や種に

図表3-27　非階層型手法（k-means法）クラスタリングプロセス

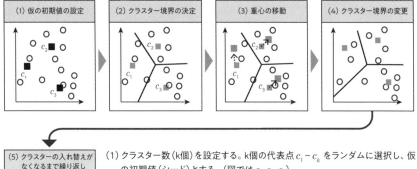

(1) クラスター数（k個）を設定する。k個の代表点 $c_1 \sim c_k$ をランダムに選択し、仮の初期値（シード）とする。（図では c_1, c_2, c_3）
(2) 仮の初期値に対し、等間隔になるようクラスター境界を決定する。
(3) 各クラスターの重心を求める。
(4) 重心と各個体の距離がより短くなるクラスターを繰り返し探す。
(5) すべての対象について最小となった時点で終了する。

* k-means の k は任意の数を意味し、分析者がクラスター数を任意に指定すること、means は算術平均を意味する。

よって結果が大きく変わりやすいというデメリットもあります。データサイズが膨大になりやすい現在では、計算効率を考え非階層型クラスター分析が採用されることが多いといえますが、どちらを採用するかは分析目的やデータの特徴・サイズに応じて慎重に考えていく必要があります。また、スケールが異なる説明変数を用いて分析を行う場合、正しい分析結果を得られないケースがあります。必要に応じて、データ加工の段階で各変数の標準化処理を行うよう注意してください。

■ 2　クラスター分析の結果解釈

クラスター分析では、各サンプルがいずれかのグループに割り当てられるという分かりやすい結果を得られるため、ビジネスの現場でも用いられる機会が多く、非常にポピュラーな手法です。

一方で、クラスター分析を行っただけでは、それぞれのクラスターがどういったグループなのかを示唆してくれるわけではないため、ビジネスシーンで使用する際には「クラスターの解釈」を適切に行うことが非

常に重要になります。

各クラスターを解釈するためには、基本統計量の確認や集計・可視化を行い、データの理解を深める必要があります。例えば、クラスター分析を実施した結果、特定の異常値の影響を大きく受けたことで、該当するサンプル数が顕著に少ないクラスターが生み出されるケースが存在します。

ビジネスでの活用を念頭に置いた場合、各クラスターに一定以上のサンプルが含まれていることが重要になるケースが多いですが、結果の解釈を正しく行えていない場合、あまり利用価値の高くないクラスターを活用してしまう可能性があり、結果として誤った意思決定などをしてしまうおそれがあります。サンプル数の確認も含めて結果の解釈を行い、ビジネス的に有効なクラスターはどこなのかを探る必要があります。

クラスター分析の結果解釈の例として、複数店舗を経営する小売店に対してクラスター分析を行うケースを考えてみましょう。

各店舗に紐づく「街区データ」「競合データ」「顧客データ」を用いてクラスター分析を行うことで、来店顧客の特徴や店舗周辺の立地情報、周辺の競合情報などを考慮した店舗クラスターを作成することが可能で

図表3-28　クラスター番号の付与

Image

元データ（店舗利用履歴）

店舗ID	最寄り駅までの距離[m]	世帯数（半径500m）	会員比率[%]	リピート率[%]	平均客単価[円]
A001	50	350	60	40	1200
A002	250	1000	15	10	1000
A003	100	300	70	20	800
A004	850	600	25	5	1200

クラスター分析の実施

結果

店舗ID	クラスター番号
A001	1
A002	2
A003	3
A004	2

?

各店舗に対してクラスター番号が得られたが、この結果だけを見ても何の示唆も得らない

す。これらの分析結果を正しく解釈することで、データに基づいて「棚割・品揃えの最適化」や「マーケティングプランの策定（チラシ内容の検討等）」などを行うことが可能になります。しかし、単純にクラスター分析を行うだけでは各店舗に対してクラスター番号が付与されるのみであり、この番号を見ているだけでは示唆を得ることができません。

　クラスター分析を行った上で、それぞれのクラスターの特性を把握するためには基本統計量の確認を行わなければなりません。今回の例では、クラスターごとに主要な変数を用いて店舗プロファイルを作成し、クラスターの中でも特に顕著な値を示している部分に着目することで各クラスターの解釈を行っています（図表3-29、3-30を参照）。例えば、クラスター1は昼時間帯の売上が高く、野菜などの農産・水産・畜産がよく売れていることから「自炊顧客が多いクラスター」と定義し、クラスター4は10歳未満の子供がいる世帯数が多く、惣菜パンなどのベーカリー商品がよく売れる為「子育て世帯が多いクラスター」と定義しています。

　ここでクラスター1（自炊）とクラスター2（高齢者）の性別・年代別構成比を確認してみると、どちらも60代以上の高齢者の割合が多いこと

図表3-29　各クラスターの店舗プロファイル例1

#	日販(千円)	人口総数(千人)	男性人口比(%)	高齢者人口比(%)	子供(10歳未満)がいる世帯数(戸)	競合数(軒)	飲食店数(軒)	駅までの距離(m)	昼売上比(%)	惣菜売上比(%)	酒類売上比(%)	農畜水売上比(%)	冷凍食品売上比(%)	飲料売上比(%)	ベーカリー売上比(%)	店舗数
1	673.3	13.9	49.8	19.0	108	1.3	43	880	33.1	15.5	15.6	15.0	7.9	5.9	5.2	11
2	510.6	15.5	51.1	20.0	158	4.9	68	1,086	31.3	16.9	17.0	11.8	9.7	6.4	5.9	20
3	545.2	19.0	55.5	12.0	200	4.0	40	1,044	31.4	18.1	16.6	13.4	7.7	6.6	5.6	7
4	596.2	19.1	51.4	16.0	302		144	370	27.3	17.7	15.5	11.6	8.3	7.2	6.3	12
5	525.9	20.6	47.4	18.1	151	11.4	278	373	26.7	16.2	15.5	12.5	8.4	7.8	4.9	8
6	678.0	16.2	48.2	18.6	132	4.6	128	314	27.9	15.6	16.7	12.9	9.1	6.7	5.5	26
平均	588.2	17.4	50.6	17.3	175.2	5.8	116.7	677.7	29.6	16.7	16.3	12.9	8.6	6.8	5.6	計84
バラつき(標準偏差:σ)	67.2	2.3	2.6	2.6	63.3	3.3	82.4	332.0	1.0	0.6	1.0	1.0	0.6	0.6	0.4	

図表3-30　各クラスターの店舗プロファイル例2

#	男性比率								女性比率							
	10代	20代	30代	40代	50代	60代	70代	80代	10代	20代	30代	40代	50代	60代	70代	80代(%)
1	1.1	6.3	6.2	9.2	9.2	6.0	2.8	1.1	0.4	5.7	11.0	14.3	11.0	8.1	5.1	1.9
2	0.6	3.8	5.5	10.7	10.3	6.2	2.7	0.7	0.8	5.2	11.0	16.0	11.6	7.7	4.8	1.8
3	1.4	6.0	5.6	12.4	11.7	5.5	1.6	0.3	0.8	6.9	12.1	16.1	9.3	6.1	2.9	0.7
4	0.8	4.2	6.6	10.3	10.7	4.6	1.4	0.4	1.4	8.8	11.2	15.7	6.7	3.5	0.7	
5	0.7	5.1	8.9	10.9	8.7	4.7	1.7	0.4	0.9	8.2	14.2	14.3	10.7	6.0	3.3	1.0
6	1.1	6.1	6.4	9.7	10.7	5.8	2.4	0.7	0.9	9.1	11.1	12.4	11.0	6.6	4.3	1.4
平均	0.9	5.2	6.5	10.5						7.3	11.8	14.8	10.8	6.9	4.0	1.2
バラつき（標準偏差:σ）	0.2	1.0	1.2	1.0	0.5	0.5	0.5	0.3	1.5	1.1	1.3	0.7	0.8	0.8	0.5	

図表3-31　各クラスター分析の解釈結果

#	クラスターの特徴	該当店舗数	クラスター名
1	**昼時間帯の売上が高く**、野菜などの農産・水産・畜産がよく売れるクラスター	10	▶ 自炊
2	10歳未満の子供がいる世帯数が少なく、**高齢者人口比率が高く**、冷凍食品がよく売れるクラスター	18	▶ 高齢者
3	**男性人口比率が高く**、惣菜/弁当/お寿司などのデリカがよく売れるクラスター	6	▶ 独り身男性
4	**10歳未満の子供がいる世帯数が多く**、惣菜パンなどのベーカリー商品がよく売れるクラスター	11	▶ 子育て
5	人口総数が多く、**繁華街に立地し**、水/お茶などの飲料がよく売れるクラスター	7	▶ 繁華街
6	夜時間帯の売上が高く、**比較的駅に近い店舗が多く**、ヨーグルトなどのデイリーがよく売れるクラスター	24	▶ 駅近

が分かります。性別・年代別構成比だけ見ると似たクラスターのように見えますが、この2つはどういった理由でクラスターが分かれているのかを、深掘りしていきましょう。

　図表3-32は自炊クラスターと高齢者クラスターについて、ジャンル別の売り上げ構成比の特徴を確認した結果です。自炊クラスターは農

図表3-32　クラスターの深堀分析

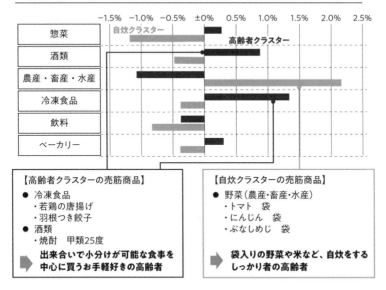

平均と比較したときのそれぞれのクラスターの売上構成比の特徴

【高齢者クラスターの売筋商品】
● 冷凍食品
　・若鶏の唐揚げ
　・羽根つき餃子
● 酒類
　・焼酎　甲類25度
⮕ 出来合いで小分けが可能な食事を
　　中心に買うお手軽好きの高齢者

【自炊クラスターの売筋商品】
● 野菜（農産・畜産・水産）
　・トマト　袋
　・にんじん　袋
　・ぶなしめじ　袋
⮕ 袋入りの野菜や米など、自炊をする
　　しっかり者の高齢者

産・畜産・水産の占める割合が平均と比べて顕著に高く、商品明細から
もトマト、にんじん、ぶなしめじ等の袋入り商品を購入しており、「配
偶者や娘・息子家族と一緒に暮らしながら、袋入りの野菜や米などを使
って、複数人向けの料理をしている高齢者」が多くいるのではないか、
といった考察をすることができます。一方、高齢者クラスターは、酒類
や惣菜、冷凍食品の割合が高いことから、「配偶者に先立たれ、自分の
食べる分の買い出しが中心。その為、出来合いで小分けが可能な食事を
中心に買っているが、お酒やおつまみを買うことで、お手軽ながらも食
卓を楽しんでいる高齢者」が多くいるのではないか、ということを考察
できます。

　このように**基本統計量の可視化、確認を行うことで、クラスターに所
属するペルソナをイメージすることができ、結果に対する理解が深まる
と同時に、ビジネス活用にもつながるような示唆を得る**ことができま
す。

今回の例でいうと、商品ごとの購入者像をイメージできることで、チラシや店頭POP内容の検討など、購入者と商品を紐づけた様々な施策への活用が可能になります。また、クラスター1と2のペルソナ例でいうと、「平均購入単価」や「家族構成」といったデータがあることで、さらにペルソナの理解が深まります。分析の結果から今後の分析に必要なデータを見極め、次回以降活用していくように分析の質を継続的に上げていくことも重要です。

　以上のように、一連の結果解釈の作業を通し、基本的な数値をおさえることはビジネス活用フェーズでの重要なインプットになります。

■ 3　データ傾向把握以外のクラスター分析活用

　クラスター分析は、ここまで紹介したような類似データのグルーピングによる傾向把握以外にも、予測モデル構築の単位を決めるためのセグメンテーションにも頻繁に用いられます。

　対象とするデータが大量であり、その中に複数の異なる傾向を有するグループが存在する場合、一つの予測モデルでは十分な精度が得られないケースがあります。このような場合には、事前にクラスターを作成す

図表3-33　クラスター分析結果の解釈

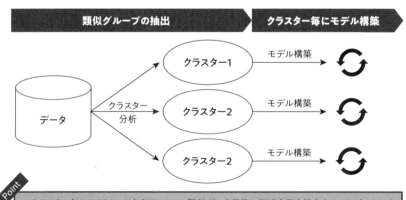

ることで同一の傾向を有するデータをまとめておき、クラスター単位で
モデルを構築するようにします。これによって類似グループ単位で説明
変数を設定することができ、より精度の高いモデルを構築できる可能性
があるのです。

　筆者が過去に経験したデータ分析の例では、顧客の将来収益（LTV）
を予測するようなモデルを構築する際に、自社の抱える全顧客を対象と
して予測モデルを作るのではなく、過去の購買傾向を表現するクラスタ
ーを事前に作成しておき、そのクラスターごとに予測モデルを構築する
といったアプローチをとったことがあります。この事例では、顧客の嗜
好や今後の行動が過去の購買傾向によって大きく異なっていたことか
ら、クラスターごとに説明変数の選定・チューニングを行い、結果とし
て精度の向上を実現することができました。また、すべてのデータに対
して一つの予測モデルを作る場合よりも結果の解釈を明確にできること
があるため、予測モデルを構築する際の一つの選択肢として検討してほ
しいと思います。

　本章では、分析モデルとは何か、どのようなビジネス価値があるのか
を理解するとともに、ロジスティック回帰分析・クラスター分析の詳細
を通して、分析モデルの構築、評価・解釈、活用方法の検討のエッセン
スを紹介しました。このエッセンスは次章の機械学習手法を用いた分析
モデル構築でも大前提となる知識です。いよいよ次章からは先端の機械
学習手法について触れていきます。本章で取り扱った古典的統計手法と
何が異なるのか、どのような点が優れているのかを意識しながら、読み
進めていただければと思います。

第 **4** 章

分析モデルの構築 II
機械学習によるアプローチ

第3章では、ロジスティック回帰分析、クラスター分析を中心に古典的統計解析手法について学びました。これらの手法はAI・データサイエンスの基本であり、初学者が学ぶべき多くのエッセンスを含んでいるだけでなく、いまだにビジネスの場でも現役で使用されています。しかし、近年は徐々にその活用の場が減りつつあります。その背景に、機械学習の躍進があります。本章では、現在、ビジネスシーンで最も活用されている機械学習について、その特徴と代表的な手法を紹介します。

4-1 / 機械学習とは?

　機械学習とは、一般的にはその名前が表す通り、「機械（コンピュータ）が学習する」ことを指し、インプットされるデータをもとに学習して、目的のデータを予測・分類するアルゴリズムを指します。

　しかし、それだけを聞くと、第3章で学んだ古典的統計解析手法と大きな違いはないように感じるかもしれません。古典的統計解析と機械学習の最も大きな違いは、その分析の目的です。

■ 1 　古典的統計解析と機械学習の特徴

　古典的統計解析手法はその性質上、どの特徴量（機械学習領域では説明変数を特徴量と呼びます）が目的変数とどれだけ関係が深いかを明らかにすることに重きを置いており、**アルゴリズムの妥当性や分析結果のビジネス解釈を重視**する傾向にあります。あくまで予測結果は解釈の延長線上にあるものだといえます。そのため、採用しているアルゴリズムや設定しているパラメータにも一定の理由・数学的な正しさが求められ、より統計学寄りの知識・スキルが求められます。

　一方、機械学習は古典的統計手法とは逆に、予測精度に重きを置いており、極論でいえば、ビジネス解釈が伴わないとしても、**トライアル＆エラーで最も精度の高くなるアルゴリズムやパラメータ設定を採用する傾向が強い**といえます。そのため、いかにビジネスの場における大規模データを効率的に扱い、予測精度の高い条件を見つけ出していくかという、よりデータエンジニアリング寄りの知識・スキル[*7]を求められるのが機械学習の特徴です。

　実際のビジネスシーンにおける2つのケースを考えてみましょう。「①営業部門向けにどの顧客へどの商品を提案するべきかというレコメンド」と「②ECサイトにおける過去の購買傾向をもとにした商品レコメンド」のそれぞれにおいて、古典的統計解析手法と機械学習手法のいずれを採用すべきでしょうか。

図表4-1 古典的統計解析と機械学習

	古典的統計解析	機械学習
分析目的	・**モデルの妥当性や分析結果の解釈方法が正しいか?**に重点。予測結果はあくまでその延長にあるもの。 予測精度 < 解釈性	・解釈性を求めないわけではないが、**いかに精度の高い分析結果を生み出すか?**に重点。 予測精度 > 解釈性
必要スキル	・モデルやパラメータの正しさを担保するため、**より統計学寄りの知識・スキル**が求められる	・大規模データの取り扱いが重要なため、**よりデータエンジニアリング寄りの知識・スキル**が求められる

　もちろん、ビジネスの前提次第で回答が変わることはありますが、概して①は古典的統計解析、②は機械学習で実行される傾向にあります。

　①は分析結果を活用するのが、営業部門という"ヒト"であり、彼らが分析結果をビジネス的に解釈し理解しなければ、顧客への説得力ある商品提案は難しいでしょう。そのため、多少精度が物足りなかったとしても、"ヒト"が理解しやすい古典的統計解析を採用するほうが、結果としてビジネスのROIは向上するケースが多いです。

　一方、②では、顧客はECサイト上に直接表示されるレコメンドを閲覧することになり、そこに"ヒト"の介在はありません。そのため、顧客が本当に望むおすすめ商品（≒精度の高いレコメンド）が重要であることから、古典的統計解析ではなく精度を重視する機械学習が採用される傾向にあります。

　読者の皆さんが、ビジネスの現場で古典的統計解析と機械学習のどちらを採用すべきか悩んだ際には、**得られた結果を誰がどのように利用するビジネスケースなのか**を改めて考えてみることが重要です。

■ 2 機械学習の種類

　それでは、機械学習にはどのような種類があるのでしょうか。機械学習には、多くのアルゴリズムが存在しますが、大きな単位では**「教師あり学習**（Supervised Learning）**」**と**「教師なし学習**（Unsupervised Learning）**」**の2種類に大別できます。

　事前に与えられた正解データをもとに、正解データと特徴量の関係性を明らかにする（インプットとアウトプットの関係性を数値化する）行いが「教師あり学習」です。

　予測・分類といった領域ではこの「教師あり学習」を利用することが多く、過去のサービス解約者リスト（正解データ）をもとに今後解約の可能性の高い顧客を予測する、過去の売上実績（正解データ）をもとに来月の商品カテゴリ別の売上を予測する等、昨今のビジネスシーンでは最も活用頻度が高い分析手法といえます。

　一方、正解データは存在せず、特徴量のデータ分布から適切な分類・判別を実施する行いが「教師なし学習」です。近年、IoT・センサーの普及により、ビジネスで活用可能なデータの幅も広がっていますが、このIoT・センサーデータの分析では「教師なし学習」の利用も増えています。

　例えば、工場設備の故障検知では、時系列でセンサーデータを解析し、これまでとは異なるデータが検出された際に、故障の可能性が高いという判断を行います。これは、故障した際の過去データを蓄積し正解データとして使用するわけではなく、あくまで正常時のデータとは異なるデータが確認できた際にそれを故障として検知するという異常検知のアプローチです。

　正解データが極端に少ない、または正解のパターンが複雑といった、正解データを事前に用意することが難しいケースでは、「教師なし学習」の採用を検討してもよいかもしれません。

　本章では、読者にとっても最もビジネス活用がイメージしやすいであろう「教師あり学習」に焦点を当て、機械学習の基本的な概念、アルゴリズムの詳細、評価・高度化の方法の3点をまとめています。

4-2 / 決定木分析

　まずは、機械学習アルゴリズムの代表的手法の一つである決定木分析について紹介します。決定木分析について、「機械学習の一つ」という表現に違和感を覚える方もいるかもしれません。なぜなら、決定木分析は、予測・分類するだけではなく、要因把握を目的とする分析の際にも用いられる手法であり、必ずしも機械学習の目的で使用されるわけではないからです。

　決定木分析は、従来の古典的統計分野でも、機械学習分野でも活躍する非常に有能なユーティリティプレイヤーであると同時に、後述する機械学習手法の理論の土台となる手法でもあり、ビジネスでも頻繁に活用される手法です。

■ 1　決定木分析の概要

　決定木分析は、機械学習の中でも教師あり学習の一つに分類される手法です。

　冒頭で紹介したように、教師あり学習とは、学習データに事前に設定した正解ラベル（例えば顧客の購買有無を予測するためのデータであれば、「購買した＝1」「購買しなかった＝0」というラベル）をもとに学習する手法ですが、決定木分析はその中でも「分類」「回帰」を行うことができる手法です（本節では主に分類に焦点をあてて説明します）。

　データサイエンスにおいて分類とは、正解ラベルがつけられたデータを、何らかのアルゴリズムを用いて自動で分類することを指します。

　決定木分析は、目的変数（例えばとある商品を「購買した＝1」「購買しなかった＝0」）に対して、説明変数（性別、年齢等の購買の要因となりうる変数群）を用いて、①**「目的変数に影響を及ぼす要因の分析」**と、②**「目的変数に対する予測モデルの構築」**を行うことができる手法です。

　具体的には目的変数に対して、説明変数を使用して単純な条件分岐を繰り返すことで、データを樹形図形式に分類しながらモデルを構築しま

す。①要因の分析とは、「どのような人が（またはなぜ）その商品を購入したのか？」という問いに答えるものであり、②の予測モデルの構築とは、「新規顧客Aさんは商品を購入してくれるのか？」という問いに答えるもの、つまり正解がわからない未知のデータに対して結果を予測します。二値以外にも多値分類に使われることもありますが、本書では二値分類を取り上げます。

　第3章で紹介したロジスティック回帰分析も、二値の目的変数に対して予測や要因分析をするための手法でした。分析目的の観点だけでいえば、決定木分析とロジスティック回帰分析は類似した手法に見えます。本書では詳細は割愛しますが、ロジスティック回帰分析が「回帰」という手法なのに対して、決定木分析は先ほど述べたように「分類」という手法で成り立っています。機械学習という文脈だと、決定木分析は要因分析よりも予測・分類に使用されることが多いといえます。

　さて、皆さんが住宅メーカーの営業担当だと仮定してください。あなたは多くの住宅を購入してもらえるように、日々顧客への営業活動に奮闘しています。限られた時間の中で、多くの顧客リストの中から、どの顧客に対して優先的にアプローチをするかに頭を悩ませているとします。この時、営業担当のあなたは何を思うでしょうか。きっと、「なるべく買ってくれそうな人に対して効率的に営業したい！」と思うのではないでしょうか。

　決定木分析は、このような場合に有効な手法となり得ます。営業実績・購入実績等の過去データを入手し決定木分析を行うことで、「どのような人たちに営業すれば、購入してくれる可能性が高いのか」という購買要因把握と、「営業対象顧客の購入確率はどれほどか」という新規顧客に対する購入確度予測をすることが可能になります。モデルを実際に立てる場合は、以下のようなインプットを用意することになります。

　─目的変数：購入有無（購入した＝1、購入しなかった＝0）
　─説明変数：属性データ（性別、年齢、居住地域、家族構成…）、行動データ（キャンペーン参加履歴、営業履歴、問い合わせ履歴…）…

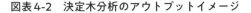

図表4-2　決定木分析のアウトプットイメージ

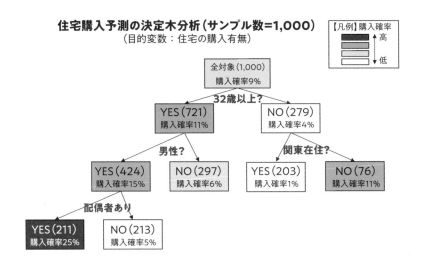

住宅購入予測の決定木分析（サンプル数＝1,000）
（目的変数：住宅の購入有無）

【凡例】購入確率
高
低

全対象（1,000）
購入確率9%

32歳以上？

YES（721）
購入確率11%

NO（279）
購入確率4%

男性？

関東在住？

YES（424）
購入確率15%

NO（297）
購入確率6%

YES（203）
購入確率1%

NO（76）
購入確率11%

配偶者あり

YES（211）
購入確率25%

NO（213）
購入確率5%

　アルゴリズムの詳細については後述するとして、まずは決定木分析のアウトプットと活用のイメージを説明します。

　決定木分析では、樹形図で分析結果を可視化できます。図表4-2が本ケースの分析アウトプット例です。全顧客では9%だった購入確率が、説明変数で有効な判別を繰り返したことにより、「32歳以上＋男性＋配偶者あり」のグループに属する顧客に絞り込むことで、約2.8倍の25%まで購入確率が向上することが判明しました。

　さて、この結果はあなたの営業活動にどのように役立つでしょうか。例えば、顧客の訪問順位を決める際、購入予測値を確認して優先順位を決めることも可能でしょうし、要因項目に着目して営業方針を検討することも有効でしょう。このように、定量的に顧客の購入確率や購入しやすいグループを明らかにできることで、勘と経験に頼らないビジネスアプローチが実現できます。

　決定木分析は、このように**目的変数に対して、複数の説明変数を用いて①要因分析と②予測が可能な手法**であり、複合的な要因を持つ実社会

の多様な事象に対応することができるため、様々なビジネスシーンで活躍する非常にポピュラーな手法です。

■ 2 　ビジネスシーンにおける決定木分析の利点

　決定木分析は様々な業種・業務で使用されており、活用範囲が広いことでも知られています。例えば、先ほどの例のように商品の購入確率が高い顧客の特徴を把握し、さらに新規顧客の購入確率を予測することはもちろん、金融機関において貸付リスクの高い顧客を抽出したり、製造業で製品不具合の要因分析に使用したりと、幅広い活用余地とビジネスの場での実績があります。

　なぜ決定木分析がビジネスシーンで多く活用されているのでしょうか。それにはいくつかの理由があります。

　まず、「**分析結果が分かりやすい**」点です。図表4-2で示したように、決定木分析の結果は樹形図で可視化することができます。これにより、どの説明変数によって分岐が発生し、目的変数に対する重要な要因が何なのか、分類されるサンプル数がどれくらいなのかを直観的に理解することができます。

　ビジネスの現場では、必ずしもデータ解析に素養・理解のある人々ばかりではありません。経営者視点、現場視点、解析者視点等、様々な立場とスキルセットの人間が一緒に働いているビジネスの現場において、「視覚的にわかりやすい、結果を他者に説明しやすい」という特徴は、企業がAI・データサイエンス活用を始める上で最初の一歩となり得る非常に重要な要素なのです。

　2つ目の利点として、「**データの性質や欠損に左右されにくい**」点があります。決定木分析では、量的変数（数値データなど）も質的変数（カテゴリや文字列など）もアルゴリズムに投入することができます（第3章で説明したロジスティック回帰分析では、質的変数をダミー変数化する等、データを加工・変換する処理が必要でした）。また、欠損値がある変数であっても、「変数Aが欠損である」ということを分岐条件として採用するなど、欠損を欠損として処理することができます。具体例を紹介すると、マーケ

ティングのために収集した「どのような顧客がリピーターになりやすいのか」を調査するアンケートの回答結果を分析する場合、任意回答のとある質問項目に対して「欠損である（＝無回答である）」ことが、リピートをしなかった顧客層の判別につながる場合があります。すなわち、該当項目に回答しないことはリピート有無にネガティブに寄与している可能性が高いという示唆を得ることができます。

　3つ目の利点として、「**非線形性への対応が可能**」という点があります。第3章で紹介したロジスティック回帰分析は、線形性（変化の度合いが一定、変数と変数の関係性が直線的である性質）を前提とした分析でした。つまり、ロジスティック回帰分析などの回帰手法を用いる場合は、アルゴリズムに変数を投入する前に、使用データの線形性や多重共線性の有無を確認した上で分析する必要があります。しかし決定木分析の場合は必ずしもそれを満たす必要はありません。分析をする際に満たすべき前提が少ないということは、すなわちモデル構築の際のデータ加工・変換といった障壁が少ないともいえます。

　昨今のスピード感が求められるビジネスの現場では、データ前提を確認する時間や、使用可能データに制約があることは珍しくなく、そのような状況においても汎用性の高い決定木分析は非常に重宝されているのです。

■ 3　決定木分析の仕組み

①決定木の構造と分割

　これまでは、決定木分析の概要とビジネスシーンでの利点について紹介しました。ここからは、決定木分析のアルゴリズムや実際にモデル構築する場合の考え方を確認していきましょう。

　決定木を表現している樹形図は、**ノード・リーフ**で構成されます。ノードはそれぞれ分割の条件（例えば性別＝男性、年齢＞30歳）を持ち、下の層のノードもしくはリーフへデータを引き渡す状態です。特に樹形図の先頭で最初のノードを根ノードといいます。また、隣接する2つのノードについて、分岐前を親ノード、分岐後を子ノードといいます。最後に

リーフとは、それ以上分割する必要がない状態、最終的に分類された状態を意味します。

　では、このような構造を持つ決定木は、どのようにして樹形図の形状にデータを分類していくのでしょうか。

　決定木のノードの分割は、「純度」という概念を用いて決定されます。目的変数に対して分割前後で純度を計算し、なるべく純度が高まるように分割の基準（分岐条件）を決めます。純度という言葉になじみのない方も多いと思いますが、経済学を学んでいた方の中には、所得格差や不平等の指標として「ジニ係数」を計算したことがある方もいるでしょう。ジニ係数は正確には不純度を測定していますが、裏返すと純度を測定しているとも解釈できます。ここでいう「純度を高める」とは、目的変数（Y=1,0）の構成割合に偏りを出すことをいいます。

　例えば、とある店舗における「リピート有無」（リピートあり：Y＝1、リピートなし：Y＝0）という二値のフラグ付けされた変数を目的変数に据える場合、「リピートあり（Y＝1）の純度がなるべく高くなるように（＝リピートなし［Y＝0］の人たちがあまり混ざらないように）分割することが、純度を高めることになります。

図表4-3　決定木の構成

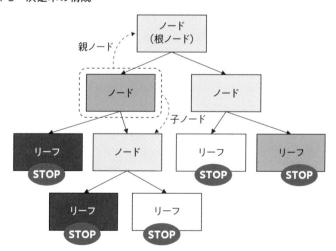

図表4-4　学習データと検証データへの分割

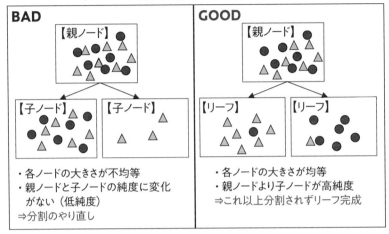

難しく感じるかもしれませんが、要は「リピートする人たちばかりい
るグループと、リピートしない人たちばかりいるグループに分ける」と
いうことです。なるべく同じ目的変数のフラグを持つデータが同じノー
ドに入るように、良い分割を目指す必要があります。実際に分割する際
には、CHAID、CARTなど用いるアルゴリズムを検討し、それに応じ
て使用する不純度の計算指標（ジニ係数、エントロピー[*8]、カイ二乗検定量[*9]
等）も異なってきますが、本書では数学的な説明は割愛します。

　決定木分析は、このように分岐を複数回繰り返すことによって、ビジ
ネス的に意味のあるノードを作り出しながら決定木を構築します。決定
木を実際に構築する際は、モデルを作成するための学習データと、検証
するための検証データに分けます。それによって構築した決定木の精度
を検証し、予測モデルとして成立するか、またビジネス展開してもよい
レベルであるかを判断します（データ分割については、本章の後半で詳細に取
り上げます）。

②決定木の評価

　構築したモデルが良いモデルかどうかを判断する指標として、二値分

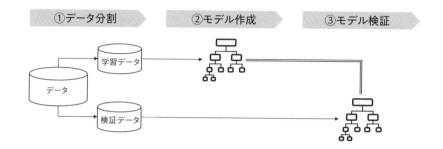

図表 4-5　決定木分析の流れ

①データ分割 ②モデル作成 ③モデル検証

データ
学習データ
検証データ

図表 4-6　混同行列（Confusion Matrix）

	実際の結果 Yes	実際の結果 No
予測結果 Yes	①**真陽性（TP）** **（True Positive）**	②**偽陽性（FP）** **（False Positive）**
予測結果 No	③**偽陰性（FN）** **（False Negative）**	④**真陰性（TN）** **（True Negative）**

類では第3章でも紹介した混同行列（Confusion Matrix）という考え方を用います。改めて、混同行列の概念を復習しましょう。

　この混同行列とは、真陽性（True Positive）、真陰性（True Negative）、偽陽性（False Positive）、偽陰性（False Negative）の四象限で検証データの予測結果を整理したもので、機械学習モデルの評価では避けて通れない必須の概念でした。

　決定木分析においても、ロジスティック回帰分析と同じように、混同行列を用いてモデルの評価を行います。図表4-7のように、正解率や適合率・再現率といった指標を駆使してモデルを評価しますが、それぞれのビジネス目的に応じてどの指標を使うかを検討する必要がある点も同様です。

図表4-7　混同行列を用いた精度検証の指標

正解率 （Accuracy）	$\dfrac{TP + TN}{TP + FP + FN + TN}$	・すべての判定対象のうち、正しく予測された件数
誤分類率 （Misclassification rate）	$\dfrac{FP + FN}{TP + FP + FN + TN}$	・すべての判定対象のうち、誤って予測された件数
適合率 （Precision）	$\dfrac{TP}{TP + FP}$	・Yes と予測されたもののうち、正しく予測された件数
再現率 （Recall）	$\dfrac{TP}{TP + FN}$	・実際は Yes だったもののうち、正しく Yes と予測されたものの件数
F値	$2 \times \dfrac{適合率 \times 再現率}{適合率 + 再現率}$	・再現率と適合率 の調和平均

図表4-8　汎化性能と枝の剪定の関係性

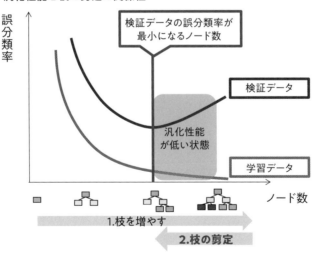

　決定木分析では、どんどん枝葉を増やし、ツリーを大きくすればするほど、各ノードの正解率は向上します。しかし、それでは予測モデルとしては成立しません。予測モデルを構築するためには、過学習と汎化性能という概念を理解する必要があります。

上述したように、分岐を増やしツリーを大きくすればするほど、モデルは学習データに即していきますが、それによって過剰に学習データに対して適合してしまうことがあります。これを「過学習」とよび、そのような状態を「汎化性能が低い」と呼びます。

　分岐の条件を増やしていくと、個々のリーフが限りなく特定の個人に紐付く状況になることは想像に難くないと思います。そのため、学習データと検証データで精度確認を行い、検証データの誤分類率が最小となるノード数で決定木モデルの枝葉を切る（＝剪定する）必要があります。

■ 4　決定木分析の留意点

　決定木分析は、前述したようにデータの欠損への強さや結果解釈の容易さなどから、ビジネスの現場でよく用いられる分析です。しかし、ビジネスで実際に分析を活用するためには、運用面でいえば、現場への理解を促したり、業務やシステムへの落とし込みを検討したりすることが追加で必要になります。

　結果の解釈でいえば、決定木分析においては、構築した決定木を見ながら要因把握をするだけではなく、各ノードの中に分類されるユーザーに対してさらに基礎集計をかけるなどして、追加分析を行いながら要因を紐解いていく必要もあります。また、求める精度が出ない場合は、関係者と討議を進めながらモデルをチューニングする作業も必要です。モデル構築がゴールではなく、ビジネス目的が達成される示唆や業務に落とし込むことが重要なのです。

■ 5　決定木分析の弱点

　最後に、次節以降で説明する機械学習アルゴリズムが生まれた経緯や理由を理解するのに重要なため、アルゴリズム上の決定木分析の弱点も以下で紹介します。

　1つ目の弱点は、「**データの変更への対応の弱さ**」です。決定木分析は分割を繰り返してツリーを作成すると説明しましたが、それはすなわち、前の分割の際、どのような分割が行われたかが、後工程に直接影響

を及ぼすことを意味します。そのため、学習データとして扱ったサンプルデータに偏りや、サンプルデータ特有の外れ値が多く存在した場合、データ傾向に強く引っ張られる形で結果が大きく変化してしまうという懸念があります。また、インプットデータを入れ替えると、決定木の構造が大きく変化してしまうこともあります。

　2つ目は、「**過学習への対応による予測力の低下**」があげられます。過学習を防ぐために剪定を行う必要があるということを紹介しましたが、過学習への対応をした結果、複雑性を扱うことが難しいモデルとなってしまう場合（とても単純な分岐のみのモデルになる場合）があり、予測力が低くなる懸念があります。

　3つ目は、「**線形性への対応の難しさ**」があります。前述しましたが、決定木分析を行う利点として、「非線形性にも対応可能」という点がありました。一方で、決定木分析はデータに対して分割を行い、階層構造を作り出す手法であるため、単純な相関関係などの線形性がある場合は、その関係性を適切に表現できないこともあります。

　本節で紹介した決定木分析は、ビジネスアナリティクスの領域では非常にポピュラーな手法である一方で、昨今の機械学習ブームの中では、上述したような弱点を克服することが求められてきました。次節以降では、決定木分析の弱点を改善し、さらに高い精度・汎化性能を実現するために登場した機械学習手法の一つ、アンサンブル学習を紹介します。

4-3 / アンサンブル学習

■ 1 アンサンブル学習とは

　決定木分析は、「結果のわかりやすさ」「データの扱いやすさ」「非線形性への対応」といった特性を有することから、多くのビジネスシーンで活用されている優れたアルゴリズムです。

　しかし、ビジネスの複雑化や利用可能なデータの拡充もあり、前節の最後で述べた決定木分析の「データの変更への対応の弱さ」「過学習への対応による予測力の低下」「線形性への対応の難しさ」といった弱点への改善が求められており、さらなる精度・汎化性能を実現するために様々な機械学習手法の活用が進んでいます。

　中でも、昨今のビジネスシーンで活用される機会が特に多いのがアンサンブル学習というアルゴリズムです。

　アンサンブル学習は、機械学習の代表格として利用頻度の高いアルゴリズムの一つであり、**個々に学習させた複数の予測モデルを最終的に融合させることによって、より良い予測精度を目指すメタアルゴリズムの手法**を指します。

　アンサンブル学習は、複数のアルゴリズムを融合させることで、決定木分析の弱点に対して一定の改善が図られています。高精度かつ頑健な予測を実現しており、現在のビジネスシーンにおいては欠かすことのできない分析手法となりつつあります。

　加えて、それぞれの説明変数が予測結果に与えた影響を可視化でき、機械学習の中でも比較的結果の解釈が容易であること、簡単な前処理のみで実行可能であることも、ビジネス活用を推し進めている要因です。

　アンサンブル学習は、**バギング（Bagging）**、**ブースティング（Boosting）**、**スタッキング（Stacking）**の3つに大別することができます。バギングは、独立した複数の予測モデルを作成し、それらの結果を多数決や代表値を用いて、一つの結果に集約する分析手法です。多数決

や代表値から最終的な予測値を算出するという特性上、データの更新に対しても安定して結果を返すことが可能で、また、単一の決定木から得られる予測結果よりも高精度で予測できるという特性を持ちます。

　2つ目のブースティングは、複数の予測モデルを組み合わせる点はバギングと同じですが、バギングが複数の独立する予測結果に対して多数決や代表値から結果を集約していたのに対して、ブースティングでは前回モデルの誤りを修正するようなモデルを追加していくというアプローチをとります。その特性上、単一の決定木に比べて大きく精度が向上する傾向が強いといえます。

　最後に、スタッキングは、複数のモデルを積み重ねて最終的な予測値を算出する手法です。積み重ねとして使用される複数のモデルには重回帰分析や決定木分析などの古典的統計解析手法や、バギング、ブースティングといったその他のアンサンブル学習アルゴリズムも含みます。

　スタッキングでは、元データセットを用いて算出された複数の予測値を、次のモデル構築のインプットとして最終的な予測値を算出しています。スタッキングは高い精度を出しやすいアルゴリズムですが、バギン

図表4-9　スタッキング（Stacking）の概念イメージ

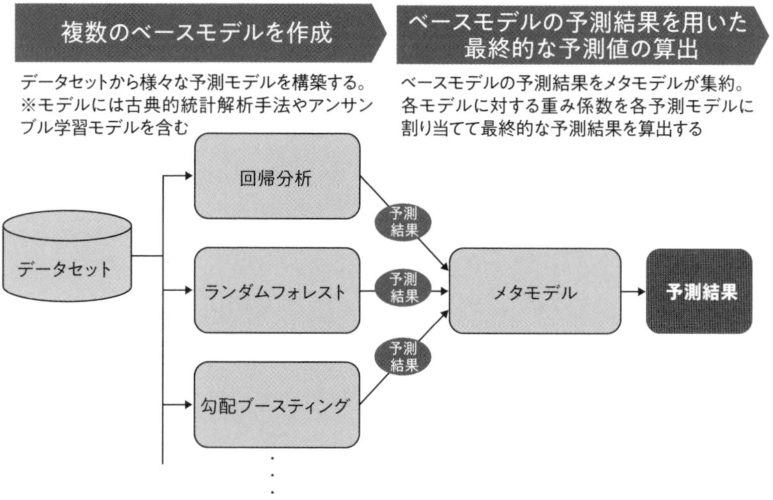

グやブースティングに比べて構造が複雑であるため解釈性も低下し、実装もより難易度が高くなるケースが多いため、活用する場合には見極めが必要です。

■ 2　代表的な手法（ランダムフォレスト・勾配ブースティング）

バギング・ブースティングの中でも、さらに複数のアルゴリズムが存在します。詳細を掘り下げ始めるとキリがないのですが、バギングではランダムフォレスト、ブースティングでは勾配ブースティングと呼ばれる手法が、ビジネスシーンにおいては最も一般的です。

①ランダムフォレスト

ランダムフォレストは、全体のデータを分割して得られた複数のサブデータセットのそれぞれに対して決定木を構築し、各木の結果を多数決や代表値を用いて一つの結果に集約します。

ランダムフォレストにおけるそれぞれの木の学習は、独立かつ並列に計算するため、分散処理[*10]とも相性がよいのも特徴の一つです。また、単体の決定木が過学習を起こしたとしても、全体の多数決によってその結果はある程度補正されるため、ランダムフォレスト全体では過学習が起きにくいという特徴もあります。

ここからはランダムフォレストの処理の流れを確認していきます。ランダムフォレストは大きく、サブデータセットの作成、複数の決定木作成、予測結果の集約という3つの処理ステップに分かれています。

ランダムフォレストでは、元データセットから復元抽出[*11]で複数のデータセットを作成するブートストラップ[*12]というリサンプリング手法を用いてサブデータセットを作成します。各サブデータセットは元データセットと同じ行数で作成されますが、復元抽出によるリサンプリングを行うことで異なるサブデータセットが複数作成されます。復元抽出を行っているため、一つのサブデータセット内に同じレコードが重複して存在しているケースが存在し、これにより様々な異なるサブデータセットを作成しています。

図表4-10　ランダムフォレストの処理ステップ

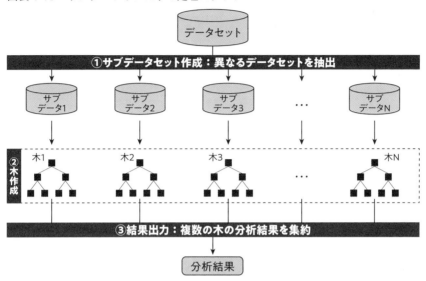

　次の複数の決定木作成では、作成した複数のサブデータセットを用い
てモデルを構築しますが、各サブデータセットからランダムにいくつか
の特徴量（説明変数）を選定した上で木を作成します。ランダムフォレ
スト以外のバギングのアルゴリズムではすべての特徴量を用いて複数の
決定木を作成しますが、ランダムフォレストでは特徴量をランダムに選
定することによって、あえて多様な木を生み出すというアプローチをと
っています。
　ランダムフォレストでは、一つのレコードに対する予測結果が構築し
た木の数だけ算出されるため、すべての結果を一つに集約する必要があ
ります。そのために、最後に予測結果を集約するステップが必要です。
それぞれの木から得られた予測結果を0/1の二値で算出し、多数決によ
って最終的な予測値を求める場合や、木ごとに算出された確率値の平均
を用いて最終的な予測値を算出する方法が一般的です。
②勾配ブースティング
　勾配ブースティングは、前述の通り、複数の木を集約して予測値を算

出するという点はランダムフォレストと同じですが、**作成する過程において前回の木で間違って識別されたデータに重みをつけて次の木を作成する点が異なります。**

　ランダムフォレストが独立かつ並列に学習を行っていたのに対して、勾配ブースティングは学習を直列に実施し、前の木の学習結果を参考にしながら、逐次重みの調整を繰り返して複数の木を作成するため、単純な平均や代表値ではなく重みを考慮して最終的な予測結果を算出します。このようなアルゴリズムの特徴を持つことから、決定木分析の弱点に対して大きな改善が見込める手法です。

　勾配ブースティングは大きく残差データセットの作成、葉に対応する重み係数の算出、予測結果の集約という3つの処理ステップに分かれています。

　まず、残差データセットの作成について説明します。勾配ブースティングは現在の木を修正するように次の木を追加していく性質上、どのデータで予測が間違っていたかを把握する必要があるため、予測値と実測値の差分（これを残差といいます）を計算する必要があります。元データセットから木を作成し、そこから得られる予測値と実測値の差分をとり、残差データセットを作成します。その上で、作成した残差データセットを目的変数として、再度木を作成します。これによって、予実差である残差が何から生み出されているのかを把握するための木が作成されるわけです。

　同様のステップを繰り返し、複数の残差データセットとそこから求められる木を作成し続けます。この繰り返し作業により、予実差を生み出している要素が徐々になくなっていくよう処理が行われます。

　次のステップは、葉に対応する重み係数の算出です。各葉に分類されたデータサンプルの集合ごとに、損失関数が最小となるようにそれぞれの葉に対応する重み係数を計算します。二値分類の場合の損失関数は、ロジスティック回帰分析と同様に逸脱度を使用します。

　最後のステップは、予測結果の集約です。勾配ブースティングの最終的な予測値は、それぞれの木の葉ごとに設定された重みを用いて出力し

図表4-11 勾配ブースティングの処理ステップ

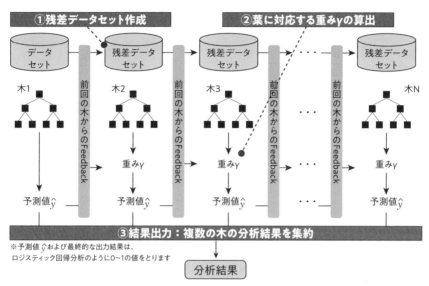

図表4-12 ランダムフォレストと勾配ブースティングの改善効果

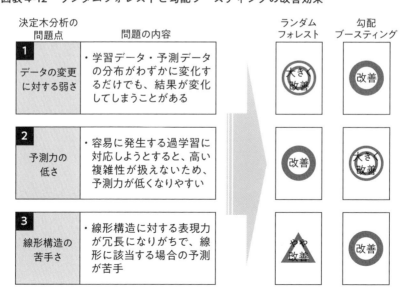

ます。各木によって予測された値に重み係数をかけて、全モデルの予測値を統合することで決定します。

■ 3　アンサンブル学習モデルの構築と活用

ここまでランダムフォレスト、勾配ブースティングの理論面について触れてきましたが、実際にビジネスの場でモデルを構築する、または業務で活用する上ではいくつか注意するべき点があります。

一般的にアンサンブル学習を含む機械学習モデルを構築する際に予測モデルの精度を向上させようとした場合には、モデル選択やパラメータ設定などの様々な要素を考慮する必要があります。

一方、モデル構築における重要な要素の一つである「特徴量の設計」については、アンサンブル学習のような機械学習手法を採用することで、次のようなメリットが生まれます。

①欠損値

欠損値を含むデータセットの場合であっても、前節の決定木分析と同様に一般的なアンサンブル学習のアルゴリズムでも、欠損値を「欠損という質的データ」として扱うことが可能です。欠損を含むデータセットでモデルを構築することは、実際のモデル構築の場合にもよくとられるアプローチです。特にカテゴリ変数の場合には、欠損値自体が分岐条件として採用されるケースもあり、欠損値そのものが示唆につながるケースも存在します。

②外れ値・変数スケール

特定の特徴量について、あるサンプルで特異的な値が存在しているケースがあり、このような値のことを外れ値と呼びます。

回帰モデルや決定木分析などでは、外れ値を含むデータセットで学習を行うと安定した予測モデルの構築が難しくなりがちですが、実装されているアンサンブル学習の多くは、外れ値の排除を行わなくても予測への影響は少ないといわれています。これは、複数の予測モデルを組み合わせて構築するというアプローチに起因しています。

また、ある説明変数について、標準化[*13]などのスケール調整を行っ

て特徴量を作成するケースにおいても、木構造をベースとするアンサンブル学習はその影響を受けるケースが極めて少なく、特徴量設計がしやすいといわれています。

③多重共線性

第3章でも紹介しましたが、線形回帰モデルにおいては、説明変数同士に相関関係が存在する（身長が高い人は平均して足のサイズも大きい、など）ことによって、モデルの予測性能が劣化するケースがあり、この事象を多重共線性と呼びます。一般に、木構造モデルの特性として多重共線性による予測への悪影響は発生しない場合が多いので、説明変数間の相関関係を確認した上で特徴量の設計を行うというプロセスを踏む必要がなくなります。

④カテゴリ変数

古典的統計解析手法では、説明変数としてカテゴリ変数を扱う場合、変換したダミー変数を説明変数として組み込んで予測モデルを構築するケースが一般的でした。性別を特徴量として使用する際に、女性を1、男性を2と置換する、といった作業がこれに該当します。これらダミー変数の作成が必要ないことも、作業効率上の大きなメリットです。

ただし、カテゴリカルな説明変数は、区分の数が極端に多くなり各区分ごとのサンプル数が少なくなってしまうと、特徴量から情報をうまく取り出すことが難しくなってしまうため、より大きな範囲でクラスを括る等、区分数が多くなりすぎないように注意する必要があります。

■ 4　ビジネス解釈を深めるための指標

多変量解析に代表される回帰分析や決定木分析などは、モデルの内部構造自体を直接解釈可能であるため、インプット、モデル、アウトプットの関係を解釈することが容易です。

一方で、**アンサンブル学習のような機械学習手法は、モデルの内部構造自体を理解することが困難であり、ブラックボックスなモデルであるといわれます**。確かに、内部構造自体を直接解釈することはアルゴリズムの仕組み上、難しいことですが、解釈のための様々な指標や方法が提

案されており、それらを活用することでモデルの特性や、インプットとアウトプットの関係性を解釈することが可能です。

　近年、RやPythonをはじめとしたOSSによって各種モデリングを実行するためのツールや環境は非常に整備されてきており、従来よりも高度なアルゴリズムの実行が容易になっています。上記の解釈指標についても同様ですが、分析のケースやモデルの特徴を正しく理解した上でモデリングとその解釈を行うことが肝要です。

　例えば、アンサンブル学習はマーケティング領域でも頻繁に活用されますが、業務では予測モデルを構築して終わりではありません。マーケティングの現場では、そこから導き出される示唆を整理し、その示唆を施策につなげなければ意味がありません。あるいは、購買確率を予測するようなモデルだった場合、購買確率に影響を与える要因が何で、その予測結果がどういった根拠に基づいて算出されているのかといった部分まで理解しておく必要があり、このレベルまで解釈ができていないとマーケティングの現場で活動している担当者を説得したり、分析を打ち手につなげるところまで到達するのは難しいといえます。

　以上のような背景から、モデルの解釈はアンサンブル学習においても非常に重要な要素です。

　ここからは解釈を深めるための代表的な指標を確認していきましょう。

①変数重要度（Variable Importance）

　変数重要度とは、作成したモデルにおいてどの説明変数が重要かを相対的に評価するための指標です。

　変数重要度にもいくつかの算出方法がありますが、ここでは前節の決定木分析で紹介した不純度の概念を用いて算出するタイプの変数重要度を紹介します。これは、不純度をどれだけ削減できたか（≒どれだけ有効な分割を実現できたか）を示すゲインという用語を用いて、ゲインベースの変数重要度と呼ばれます。

　アンサンブル学習でモデリングを行う場合、一般的には数十（場合に

図表4-13　変数重要度

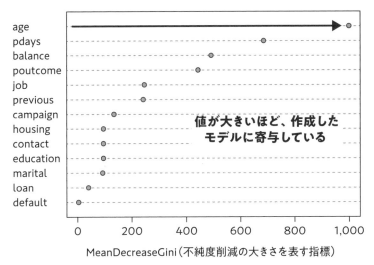

よっては数百）にも及ぶ説明変数を使用しますが、変数重要度により、モデル上どの変数が重要であったかを定量的に把握することができます。

　図表4-13はモデルに用いられた説明変数ごとの変数重要度を可視化したグラフです。縦軸の説明変数ごとに変数重要度が表現されており、横軸が大きいほどより重要な特徴量であることを示しています。

②部分依存性（Partial Dependence）

　部分依存性とは、各説明変数の変化がモデルの結果である予測値に対してどれだけ影響を及ぼすかを表した指標です。ロジスティック回帰分析をはじめとした回帰モデルにおいては、各説明変数が予測値に与える影響の大きさは偏回帰係数という指標によって判断可能でした。

　一方で、木構造をベースとしたモデルは線形構造ではないため、説明変数がこれくらい増えると予測値はこれだけ増える、といった定常的な関係性はなく、値が変わるごとに非連続な変化が発生するため、それらを表現することができる部分依存性が多用されます。

　図表4-14はある特定サービスへの加入確率を予測するモデルにおいて、年齢がどのように影響を及ぼすかを部分依存性を用いて可視化した

図表4-14　部分依存性の可視化

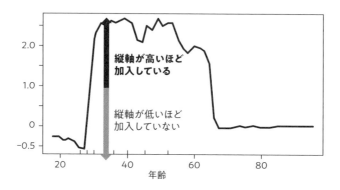

グラフです。このグラフからは年齢の違いが予測値に与える影響を確認することができ、特に30歳から60歳の加入率が相対的に高いことを確認できます。また、30歳から60歳の間でも、45歳付近や60歳直前では、一部影響が小さくなることがわかり、このタイミングで何かサービス加入が阻害される理由がないかをビジネス的に議論したり、別のデータで追加検証することを検討したりします。

③SHAP（SHapley Additive exPlanations）

SHAPとはモデルによって出力された特定の予測結果に対して、各説明変数がその予測結果に対してどのような影響を与えたかを定量的に表現する手法のことです。ゲーム理論で用いられるShapley値をもとにしているため、SHAPという名前が採用されています。

SHAPで得られた値（SHAP値）を用いることで、ある説明変数における値の増減が予測結果に与える影響を可視化することができます。また、よりマクロな観点で、SHAP値を説明変数ごとに平均することで、モデルにおける変数の重要度を解釈することも可能です。

図表4-15は5つの説明変数によって構築されたモデルのSHAP値を可視化したグラフです。横軸が目的変数の値で縦軸が特徴量の貢献度の高さを表しています。最も重要な特徴量は年齢であり、そこから利用頻度、カードステータス、単価ランク、最寄りFlagの順で重要なことが

図表 4-15　SHAP を用いた説明変数の貢献度比較

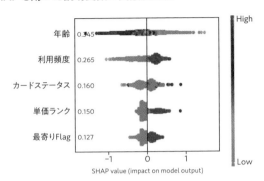

わかります。赤茶が正の影響を、黒が負の影響を与えていることを示します。例えば、年齢という説明変数は目的変数が大きく（右側）なるほど黒い分布となり、目的変数が小さく（左側）なるほど赤茶色い分布となります。つまり、目的変数と年齢は負の相関があることを示しています。

　近年では、勾配ブースティングのさらなる発展形として **XGBoost**（e**X**treme **G**radient **Boost**ing）という手法が登場しています。近年のビジネスシーンや Kaggle（AI・データサイエンスのスキルを競うオープン参加型のコンペ）などでよく使われており、非常に汎用性も高い手法です。

　また、XGBoost よりも実行速度に強みを持った **LightGBM** や、カテゴリカルなデータセットの取り扱いに強みを持つ **CatBoost** といったアルゴリズムも昨今では使用されるケースが多くなっています。機械学習領域については年々新しいアルゴリズムが登場しているので、ぜひ先端のアルゴリズムにもチャレンジしていただければと思います。

　本節では機械学習の一つであるアンサンブル学習に関して、特徴や解釈の仕方などを中心に紹介してきましたが、実際にビジネスシーンで活用する場合には、構築したモデルの評価や改善をしながらモデルを育てていく必要があります。

　それでは、業務活用に向けて重要な、モデルの評価と高度化の方法について次節で確認していきましょう。

ビジネスシーンでは**機械学習モデルを一度作って終わりではありません**。精度が悪ければ、アルゴリズムを変えてモデルを作り直すことや、データを再収集しモデルを再作成することもあります。また、精度が高いモデルを作ることができたとしても、永続的にそのモデルが使えるとは限りません。

例えば、小売業の需要予測では、経済状況やユーザーの購買行動が変化することで時間とともに予測精度が低下していき、やがてはモデルが陳腐化します。このような状況では、絶えず予測精度に気を配りながら、モデルをアップデートしていく必要があります。

本節では、モデルを作り、精度検証を行い、精度改善を行う一連の流れや注意点について説明していきます。データサイエンスとしての基礎的な内容を踏まえながらも、実際のビジネスシーンに応じた話も交えて説明をしていきます。

■ 1　データ分割とモデル作成のプロセス

機械学習モデルを作成する際には、必ずデータによる学習の作業が必要になります。ただし、収集したデータ（観測データ）をすべて学習に使えるわけではありません。**機械学習モデルの作成時には、観測データを学習に用いる部分（学習データ）と学習に用いず精度検証に用いる部分（テストデータ）に事前に分割**しておきます（図表4-16）。

テストデータは学習には用いず、最終的な精度検証の際に用います。これは学習によりモデルが学習データへ過剰に適合すること（過学習）を防ぐためです。

観測データのすべてを学習に用いた場合、モデルが問題を抽象化し汎用的な規則を習得できたのか、それとも観測データにだけあるような個別特異性の高い特徴を見つけ出し判断をしているのかという2つの区別

が困難になります。

　この状態のままであれば、サービスインした後に当初期待した精度が出ないというような危険性があります。そのため、テストデータを事前に分割しておき、最終的な精度検証まで取っておきます。学習データをもとに作成したモデルがテストデータに対しても高精度であることを確認することで、未知のデータに対するモデル精度（＝汎化性能）を確認することになります。

　図表4-16のプロセスに沿ってモデルを作成した場合であっても、今度はテストデータに過剰に適合しているのではないかという懸念が出てきます。これを払拭するには、学習データから検証データをさらに分割し、観測データを3分割するという手法を取ります（図表4-17）。学習データを用いて作成したモデルを検証データを用いて精度検証し、その結果選択されたモデルを最終的にテストデータで確認することになります。

　図表4-16と比較して誤差の精度検証を2段階にすることで、よりデー

図表4-16　データを2分割する場合の学習・評価の基本プロセス

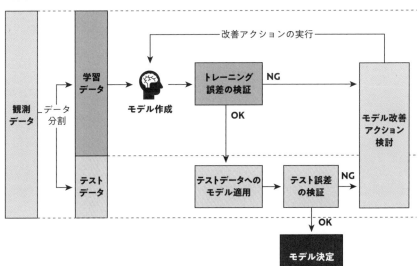

図表4-17　データを3分割する場合の学習・評価の基本プロセス

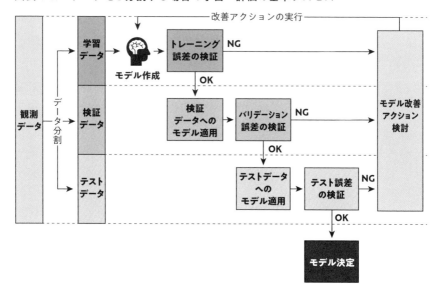

タの分割方法によらない精度検証が可能になります。

　実際のビジネスシーンではデータ量が限られるため、図表4-17のように3分割することが困難なケースもあります。この場合には、図表4-16のように2分割でモデルを作成することになりますが、その際にはテストデータを用いて多数回の精度検証をしない、ということに注意する必要があります。同一のテストデータで何回も精度検証をすることで、偶然にもテストデータに過剰に適合したモデルを選択してしまう可能性があります。その結果、未知のデータに対するモデル精度が低いモデル（汎化性能の低いモデル）が構築されてしまうおそれがあるため、学習データ、テストデータ双方への過学習が発生していないかを意識しながらモデルを構築することが重要になります。サンプル数の制約などから、毎回新規のテストデータを準備することは難しいケースが多いとは思いますが、同一のテストデータでの検証は、多くても数十回程度までに抑えることが現実的です。

　観測データを分割する際には、分割するそれぞれのデータを偏りなくランダムに分割することが重要になってきます。もし学習データとテストデータで傾向が異なる場合には、学習により学習データに対する精度は向上しているにもかかわらず、テストデータに対する精度はいっこうに改善しないということが起こります。

　また、学習データとテストデータが近すぎる場合には、学習データとテストデータの精度検証がほぼ同じ結果となり、未知のデータに対する精度検証が困難になります。データ分割はデータの特性を考慮して、慎重に行う必要があります。

　例えば、動画データをフレーム[* 14]ごとに分解して画像データとしてそれぞれ分析を行う場合は、フレームに分解した後にランダムに学習データ・テストデータに分割すると、学習データとテストデータに近しい画像がそれぞれ含まれるため、テストデータを学習データと独立に準備したとはいえなくなります。このように、テストデータは独立性を担保する必要があり、業務知識なども踏まえ慎重に準備する必要があります。

　学習データとテストデータについては、データが大量にある場合には、テストデータとして数千件をとっておいて、残りすべてを学習データに用います。データ量が少ない場合には学習データとテストデータを7:3や8:2に分割することが多く見られます。

　精度向上のためにも、できるだけ多くのデータを学習に用いたいところですが、テストデータの件数はモデル精度の信頼度につながるため、ある程度の量を用意する必要があります。また、実際のビジネスシーンでは単純に比率で分割するだけでなく、学習データとテストデータの独立性を担保するためにも、属性ごとに分割することもあります。例えば、センサーデータの異常検知であれば、A、B、C、Dの4つの工場で取得したデータを学習データにし、E工場で取得したデータをテストデータにするなどです。こうすることでモデルの汎化性能をより正確に測定することができます。

　さらに、データ分割方法による精度への影響を減らし、汎化性能が高

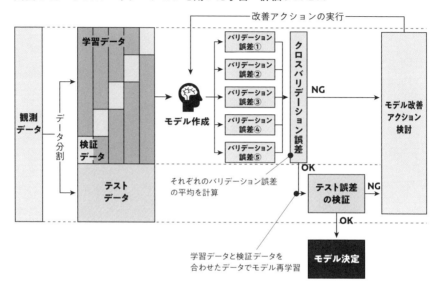

図表4-18　クロスバリデーションを用いた学習・評価プロセス

いモデルを作成する方法としてクロスバリデーションがあります（図表4-18）。これは学習データと検証データの分割を複数の組み合わせ用意し、それぞれについて同じアルゴリズムを用いて学習をさせ、その平均で精度検証を行う手法です。

　最終的にテストデータで検証する場合には、学習データと検証データを合わせて、同様の条件でモデル作成をやり直すことになります。図表4-18は学習データと検証データの部分を5分割していますが、何分割にするかはケースバイケースです。データ数が少ない場合にはあまり細かく分割しすぎると、検証データの数が少なくなり、検証精度が偏ってしまう危険性があります。クロスバリデーションを用いることによって、テストデータ以外のすべてのデータが一度は検証データとして使用されることになります。図表4-17と比較して、検証データとして用いるデータが多くなるため、より汎化性能の高いモデルを作成することが可能であると考えることができます。

　モデルを作成する際には、学習の過程で最適化されるパラメータと、

アルゴリズムの設定値などを人が事前に設定した上で、学習の過程では変更されないパラメータ（ハイパーパラメータ）があります。最適なハイパーパラメータを探索する手法としてグリッドサーチがあります。

　グリッドサーチは複数のハイパーパラメータのモデル候補を総当たり的に作成し、各モデルの精度を検証することで、より精度が高くなるパラメータを探索する手法です。例えば10個のハイパーパラメータに3つの候補をそれぞれ準備した場合、3^{10}で59,049個のモデルを作成することになります。

　グリッドサーチを実行する場合の精度検証にはテストデータを利用しないように注意してください。これはたくさんのモデルの試行錯誤の中で、偶然テストデータに特化して適合したパラメータを見つけ出すかもしれないからです。テストデータを学習データとは独立に準備したとしても、度重なる評価に用いてしまうと、結果としてテストデータに過度に適合したモデルになってしまい、テストデータの本来の役割を果たせなくなりますので、くれぐれも注意してください。

■ 2　モデルの精度検証

　次に、作成したモデルを評価する方法を解説していきます。作成したモデル単一の精度を評価するには、平均絶対誤差[*15]や決定係数など様々な評価指数があります。また、よりビジネスシーンに沿った評価をするには、混同行列を用いて、モデルによる誤判定が業務にどのような影響があるのかを考えることができます。ここでは、モデル単一の精度ではなく、モデル作成のプロセスを含めたビジネスシーンにおけるモデル評価について話を進めていきます。

　モデルの予測精度は**学習データに対する当てはまりの良さ（Bias）**と、**学習データ以外の未知のデータへの適応性の高さ（Variance）**の2つの観点で評価[*16]を行います。現実のビジネスシーンではすべてのデータを収集することは困難であり、限られたデータからモデルを作成することになります。そのためモデル改善のプロセスでは、どうしてもBiasとVarianceを考慮する必要があります。

図表4-19　Bias・Varianceの違いによる予測値の確率分布

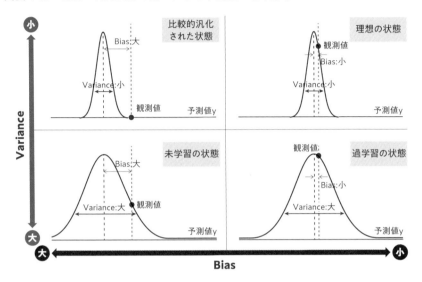

　BiasとVarianceを直感的に理解するため、クロスバリデーションの途中で作成する一つひとつのモデルについて考えていきます。これらは同じデータセットの中から異なる学習データを複数用意し、同じアルゴリズム、同じハイパーパラメータで学習した結果になります。このとき、作られるモデルが異なるため、予測結果はそれぞれのモデルで異なります。これは学習データのとり方に応じて変化するもので、予測値を確率的に解釈することができます。

　これを可視化したものが、図表4-19です。Biasが大きいということは平均的に予測が外れている状況を示しています。Varianceが大きいということは学習データのとり方に応じて予測にばらつきがある状態を示しています。Bias、Varianceともに小さくなる状態がよいモデルであるといえます。

　実際にはBiasやVarianceを直接把握することは困難なことが多いです。母集団全体のデータを収集するということも難しく、小売業などの業界ではトレンドが日々変化するため、母集団そのものが変化している

図表4-20　母集団の変化の激しさの例

可能性もあります。したがって、現実的な落としどころを検討していか
なければなりません。そのためにも母集団の時間変化については、業務
知識も踏まえて変化の時間スケールを意識しておく必要があります。

　例えば10年前のアパレル業界のトレンドは今とは大きく異なります
が、温暖化が進んでいるといわれているものの、10年前に比べて気温
や天候はそれほど変わってはいません。したがってアパレル業界の需要
予測は気象予測よりも母集団の変化が激しいといえます。

　データが常に変化していくような業界では、データの蓄積速度に比べ
て母集団の変化のほうが速いこともあります。仮にこのような場合であ
っても、可能な範囲で科学的に妥当な姿勢を持ち続けることが分析の質
を向上させることは意識すべきですし、限られたデータで学習ができる
ようなモデルを選択することや、絶えずモデルをアップデートし続ける
ような仕組み作りが重要になってきます。

■ 3　モデルの精度改善方法

　よりよい精度のモデルを作るためのモデル改善アクションは、Biasと
Varianceのどちらを改善するのかという視点で整理することができま
す。基本的にはBiasとVarianceの削減はトレードオフの関係性にあるた
め、バランスを取りながら最適なモデルを探っていく必要があります。

　抜本的な改善方法としてはアルゴリズムの変更があります。Bias・

図表4-21　Bias・Varianceとモデルの状態の関係性とモデル改善アクション

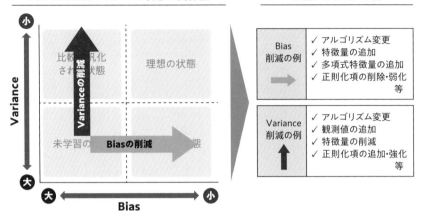

Varianceの観点からアルゴリズムの出発点がどこにあるのかを把握することは良いモデルに近づくために重要です。具体的には決定木に比べてランダムフォレストはVarianceが小さくなる傾向があり、勾配ブースティングはBiasが小さくなる傾向があります。

　ただし、アルゴリズムの選択は精度だけでなく、モデルの用途にもよるので、総合的に判断をする必要があります。アルゴリズム内のパラメータの詳細については、アルゴリズムによって多様なため詳細は記載し

図表4-22　Bias・Varianceと機械学習モデル

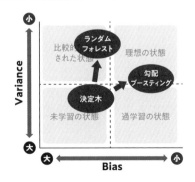

ませんが、モデルが複雑になるようにパラメータを変更するとBiasが減少し、Varianceが増加する方向に、反対にモデルが簡易になるようにパラメータを変更するとVarianceが減少し、Biasが増加する方向に変化します。

　特徴量の変更もモデルの改善アクションになります。特徴量を増やすと学習データに適合するための情報が増えることになるので、Biasの減少に働きます。新しい特徴量がない場合でも、今ある特徴量を組み合わせて新たな特徴量を作成することでも同様の効果が得られます。

　例えば、健康診断の結果から生活習慣病のリスクを予測するようなモデルを作る場合に、身長と体重という既存の特徴量からBMI（体重÷身長^2）を算出し、新たに特徴量として追加するなどがあります。反対に特徴量を減らすと少ない情報から規則性を見出すことになるため、モデルの過学習を防ぐことができVarianceの減少に働きます。

　また、欠損値の取り扱いについても、モデル精度に影響を及ぼす場合があります。XGBoostなど利用するライブラリによっては欠損を含んだデータであってもそのまま利用可能な場合もありますが（このような場合には欠損という新たなカテゴリとして処理されます）、多くの場合には欠損対応をする必要があります。

　対応の方法としては、欠損を削除する方法と補完する方法の2種類があります。削除については、欠損を含む観測値（行、レコード）を削除する方法と特徴量（列、カラム）を削除する方法があります。

　前者についてはデータ量が減少するためにVarianceが増加してしまい、後者については特徴量が減少するため、Biasが増加してしまいます。いずれにせよ、欠損に対して削除するということは対応としては簡単ではあるものの、モデル精度の観点からネガティブな影響が大きいため、データ量なども考慮して慎重に判断をする必要があります。

　欠損の補完には様々な方法がありますが、いずれにせよ誤差が加わることになるため、注意が必要です。特に重要と思われる変数への安易な補完は避けるべきです。

　少し技術的な話になりますが、モデルの学習時にモデルが過学習にな

ることに対するペナルティとして、正則化項を設定することがあります。機械学習モデルでは予測誤差にあたる損失関数を定義し、これが最小になるようにパラメータを最適化していきます。正則化項とはパラメータ値の二乗和などで定義される値で、これを損失関数に加えたものが最小になるように最適化していきます。これにより、特定のパラメータ値が大きくなることを防げ、より汎化なモデルを構築することができます。

　正則化項の追加や、影響度の強化はVarianceの削減につながります。反対に、正則化項の削除や、影響度の弱化はBiasの削減につながります。特にデータ数が少ない場合や特徴量が多い状態でのモデル学習は過学習になりやすい傾向があるため、正則化項が有効です。

■　4　ビジネスシーンでの応用

　本節では精度検証と精度改善を中心としたモデルの作成方法を説明してきました。実際のビジネスシーンではモデル精度だけが求められているわけではありませんので、このように正確にモデル構築ができるということは限定的かもしれません。実際には、作業工数やデータ量、モデルの利用方法など様々な観点からモデルの開発方法を決定することになります。データ量や作業効率の観点から十分な検証ができなかったり、テストデータを用いた検証を多数行うことでテストデータの独立性を侵すことがある程度起こりえます。しかし、データサイエンティストとしては、**自身の分析がどの程度、独立性を侵しているか**について、常に自覚的になっていることが重要です。

　また、プロジェクトの背景やモデルの業務利用方法に気を配ることも重要になってきます。データサイエンティストとして少しでもよい精度のモデルを作りたいという熱意があることは重要ですが、モデルが使われなければ意味がありません。

　例えば、データの属性を膨大な数のカテゴリの中から特定するような業務において、機械学習モデルですべてを自動化することは困難であっても、事前にある程度の分類をモデルで行い、最終的には作業者が確認

するという運用に変更しただけでも、作業効率が大きく向上するような
ことがあります。この場合には、高精度のモデルでなくとも、業務利用
可能であるということになります。

　一度業務に組み込まれるとデータは蓄積されていきますので、ある程
度データ量がたまった段階でモデルをアップデートすることも考えられ
ます。機械翻訳のウェブサービスや名刺管理アプリなど、サービス開始
後に繰り返し精度改善を図るということは機械学習モデルを利用したサ
ービスではよく行われることです。PoCだけで終わらせないためにも、
機械学習でどの程度のことができ、どのように業務利用・サービス化で
きるのかを考えることも重要になってきます。

　最後に、当然ですが**ビジネスの場ではROIが求められます**。70%の
精度のモデルに対して75%に改善可能なアクションプランが見えてい
たとしても、その改善に要する投資（期間、体制、資源等）と＋5%の改善
によって得られるビジネスインパクト（売上／利益向上）を天秤にかけた
場合に、投資のほうが大きくなってしまうのであれば、ビジネス的には
改善アクションを取るべきではないかもしれないということを理解する
必要があります。

　機械学習はビジネスの多くの場で活用の可能性を持っており、AI・
データサイエンスを志向する方にはぜひ、理解・実践してもらいたい手
法です。また、ビジネスの場での注意点は、座学で学ぶだけでは本当の
意味での理解や定着は難しく、実際にビジネスの現場で自身が直面し悩
むことで理解が深まるものも多いと思います。

　その一助となるべく、機械学習を用いたビジネスケースを次章に用意
していますので、ご自身でPythonのコードを書き、本章で学んだ内容
を肌で感じてください。

第 **5** 章

Pythonを用いた
機械学習の実践

本章では、架空の銀行で分析業務に従事しているデータサイエンティストになったつもりで、ビジネスシーンにおける機械学習を用いたデータ分析の一連の流れを体験します。これまでの章の内容を振り返りながら、実際の業務ではどのような作業が必要になるのか、ということを実感できます。

5-1 / 演習の事前準備

分析環境について

　本章で行う演習はJupyter Notebookというデータ分析用のツールを利用し、Pythonによるコーディングを用いて、分析を行っていきます。Jupyter Notebookを利用することで、分析プログラム、分析実行結果、仮説や分析結果の解釈などを記載したテキストドキュメントなどを1つのファイルで管理することができます。試行錯誤を行うことの多い分析業務では非常に便利なツールで、実際の業務でも広く利用されています。

　Pythonの環境やJupyter Notebookのインストールについては、データ分析に最低限必要なパッケージがセットになったソフトウェアディストリビューションのAnacondaなどを利用してご自身のPCにインストールいただくか、GoogleのColaboratoryなど開発環境をウェブサービスとして提供しているものを利用いただくことも可能です。

　本書ではAnacondaを利用し、ご自身のPCに開発環境を構築する方法を記載しております。すでに開発環境が整っている方は読み飛ばしてください。

Anacondaによる環境構築

　Anacondaのホームページ（https://www.anaconda.com）からご自身の環境にあったディストリビューションをダウンロードし、インストールを実行します。その際にPythonのバージョンを選択しますが、本演習ではPython3.7を利用しています。Python2系はすでにサポートが終了しているため、これから利用される方はPython3系をご利用ください。また、インストール手順で不明点があれば、インストールガイド（https://docs.anaconda.com/anaconda/install/）も合わせて参照ください。

　Anacondaのインストールが完了すると、Pythonの環境構築と合わせ

て、Jupyter Notebook もインストールされます。Jupyter Notebook は Windowsであれば、スタートメニューから起動することができます。

　Jupyter Notebookが起動されると、黒色のAnaconda Promptの画面とともに、ウェブブラウザが立ち上がり、Jupyter Notebookのブラウザページが表示されます（図表5-1）。Anaconda Prompt を利用することはありませんが、閉じてしまうと Jupyter Notebook そのものが終了するため、注意してください。

図表5-1　Jupyter Notebook のブラウザページ

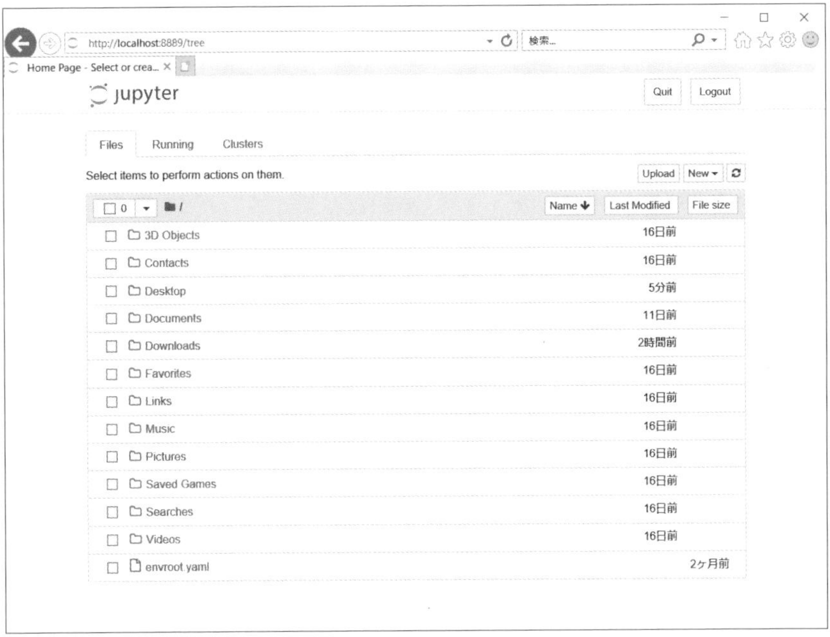

Jupyter Notebookの操作

　デフォルト設定では、起動時のウェブ画面にホームディレクトリの構成が表示されています。ディレクトリ名をクリックするとその配下に移動することができます。分析のための新規Notebookの作成には、右上のNewをクリックし、その中のPython3をクリックします。

図表5-2　Notebookの起動

　Notebookでは分析プログラムをセルと呼ばれる単位で順次実行していくことができます。セル内にコーディングをし、上部のRunボタン（図表5-3）、もしくはCtrl+Enterを押下することで、ソースコードを実行できます。簡単なコードを入力し、実行してみましょう。以下は、画面にHello Worldと表示させるコードです。

```
print ("Hello World")
```

図表5-3　セルの実行方法

　ソースコードの実行を開始すると左側のIn[ ]の部分がIn[*]になり、実行が完了するとIn[1]となります。数字の部分はNotebook全体での実行番号を示しており、次にコードを実行するとIn[2]となります。実行結果はセルの直下に表示されます。

図表5-4　セルの実行結果

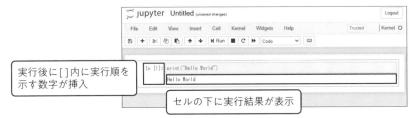

実行後に[ ]内に実行順を
示す数字が挿入

セルの下に実行結果が表示

　また、Shift+Enterを押下すると、実行後に新規セルを下に追加でき
るため、結果を確認しながら逐次的に実行する場合にはこちらが便利で
す。

　Notebookにはそのほかに様々な便利な機能があります。そのすべて
を紹介することは本書の趣旨から逸れますから、それは他の書籍に付託
します。ここではもう一つの機能の紹介にとどめておきます。

　コーディング途中でShift+Tabを押下すると、関数やクラスの説明文
が表示される機能があります。機械学習のパッケージを利用する際に、
引数の名称やデフォルトでのパラメータ値を確認する場合に、便利な機
能です。

Pythonのパッケージのダウンロード

　本演習では分析に必要なPythonのパッケージを利用します。図表5-5
にパッケージ名と合わせてバージョンも記載している理由は、バージョ
ンの違いによって機能が実装されていないことがあるからです。機械学
習のパッケージは開発速度が速く、少しのバージョンの違いで機能の有
無が変わってくることがあります。実際に開発を行う場合には、使用し
ているパッケージだけでなく、バージョンにも注意する必要がありま
す。

　図表5-5のなかでshap、py-xgboostに関してはAnacondaに含まれて
いないため、Pythonのパッケージ管理のcondaコマンドを利用してイ
ンストールを行います。condaコマンドを利用するためにAnaconda
Promptを起動します（図表5-6）。Anaconda Promptはwindowsであれば

図表 5-5 本演習で利用するPythonのパッケージ

#	パッケージ	バージョン
1	pandas	0.25.1
2	matplotlib	3.1.1
3	scikit-learn	0.22.2
4	ipython	7.8.0
5	shap	0.35.0
6	py-xgboost	0.90

スタートメニューから起動できます。Anaconda Promptで以下のコマンドを実行することで、shap、py-xgboostの追加インストールを行います。condaコマンドはインターネット上から追加のパッケージをインストールするため、インターネットに接続した状況で行ってください。

```
conda install -c conda-forge shap
```

```
conda install py-xgboost
```

図表 5-6 Anaconda Prompt の起動例

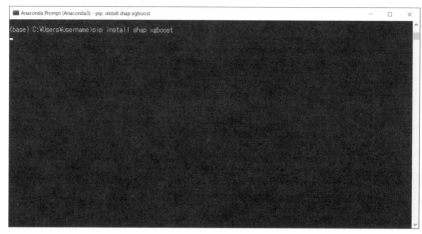

上記コマンドの実行途中に実行確認がされますが、その際は「y」と

入力して下さい。また、コマンド実行時にHTTPErrorが発生した場合には、以下のコマンドを実行後に、インストールコマンドを再実行してください。

```
conda config --set ssl_verify no
```

　shap、py-xgboost以外のパッケージはAnacondaのインストール時に導入されていると思いますが、演習実行時にインポートでエラーとなる場合には、次のコマンドでパッケージの最新化を行ってください。

```
conda update パッケージ名
```

Graphvizのインストール

　演習の中で木構造を可視化する際に、Graphviz（https://www.graphviz.org）を利用します。ホームページからダウンロードの上、インストールしてください。

データセットのダウンロード

　本章で取り扱うデータセット（data_call.csv）は以下のURLからダウンロードし、Notebookと同じディレクトリに配置してください。
　データセットの配置はOSのファイル操作でも可能です。また、Notebookの右上のUploadボタンからも配置することができます。

図表5-7　ファイルのアップロード

https://nikkeibook.nikkeibp.co.jp/item-detail/13506

　データセットは以下のデータをもとに、演習用にアクセンチュアが作成したものです。

http://archive.ics.uci.edu/ml/datasets/Bank+Marketing

　それでは実際の分析業務に入っていきましょう。

本演習の課題と分析における目的を説明します。

この銀行では定期預金の新規加入者獲得を目的として、電話による個人向け営業に注力していました。しかし、最近は電話営業による定期預金の新規契約数が落ち込んでおり、特に直近数か月は目標とする売上を達成できていないという状況でした。営業担当社員の数が限られている中で、やみくもに電話営業をかけることで営業の質が低下し、ひいては社員の負荷が増加しています。この状況の打破は、営業部門全体として取り組むべき喫緊の重要課題と捉えられていました。

このような背景を踏まえて、行内のデータサイエンティストであるあなたに「**成約につながりやすい顧客の特徴把握と、そのような人々を事前に特定できないか？**」といった依頼が舞い込んできました。

行内では早くから顧客情報や営業履歴などを一括管理するCRM（Customer Relationship Management）システムを導入しており、過去に電話営業をかけた際の顧客情報や成約実績が蓄積されていることを知っていたあなたは、機械学習のアプローチを利用して、成約につながりやすい顧客の特徴を絞り込むための分析を実施することにしました。

5-3 データの確認

　分析を行うにあたり、CRMのシステム担当から、これまでの電話営業の履歴データを受領しました。担当者が忙しいということもあり、あなたはデータを一度確認し、質問事項を整理したのちに改めて担当者に内容を確認することにしました。

　まずは受領したデータの中身を見ていきましょう。受領データはCSVファイルです。テキストエディタやエクセルなどの表計算ソフトを使って中身を確認することもできますが、ここではデータの確認からJupyter Notebookを用いることにします。
　以下ではNotebookのセル単位のコードとその出力結果、それに対する解説を交互に記載していきます。

```
# パッケージのインポート
import pandas as pd
import matplotlib.pyplot as plt
%matplotlib inline
```

　まずは分析に利用するパッケージをインストールします。pandasはデータを読み込み、加工や簡易分析などを行うデータ解析支援のパッケージ、matplotlibはグラフ描画を行うパッケージです。4行目のコードはmatplotlibのグラフ描画をNotebook上に指定するためのものです。
　演習の後半で機械学習モデルを作成するため、追加でパッケージのインストールを行いますが、まずはデータ確認に必要なパッケージだけをここではインポートしています。

162

```
# データの読み込み
df_data = pd.read_csv('./data_call.csv')
df_data.head()
```

図表5-8　データの読み込み

	id	age	job	marital	education	default	balance	housing	loan	contact	campaign	pdays	previous	poutcome	result
0	1	30	management	single	tertiary	no	533	no	no	cellular	2	99	4	success	no
1	2	44	technician	divorced	secondary	no	1262	yes	no	unknown	11	999	0	unknown	no
2	3	44	blue-collar	married	secondary	no	88	yes	no	cellular	1	999	0	unknown	no
3	4	27	admin.	married	secondary	no	1596	no	no	cellular	1	999	0	unknown	no
4	5	48	management	married	tertiary	NaN	0	yes	no	cellular	2	125	6	failure	no

　受領したCSVファイルを読み込み、DataFrameに格納します。DataFrameとはpandasのパッケージ内で表形式のデータを処理するためのオブジェクトで、DataFrameを利用することでデータの編集や集計などを効率的に行うことができます。ここではデータを読み込んだ後、head関数を用いてCSVファイルの先頭から5行のデータのみを表示させています。カラム名からカラムの内容がある程度は想像できますが、カラムの意味や中身については担当者にヒアリングをする必要があるでしょう。

```
# データ形式の確認
print('dataframeの行数・列数の確認: ', df_data.shape)
print('dataframeの各列のデータ型を確認\n', df_data.dtypes)
```

図表5-9　DataFrameの詳細

```
dataframeの行数・列数の確認: (8200, 15)
dataframeの各列のデータ型を確認
 id          int64
age          int64
job          object
marital      object
education    object
default      object
balance      int64
housing      object
loan         object
contact      object
campaign     int64
pdays        int64
previous     int64
poutcome     object
result       object
dtype: object
```

ここではDataFrameの詳細を表示しています。15個のカラムがあり、8,200行のデータが入っていることが確認できます。データ型ではobjectと表示されている部分がテキストデータです。

```
# 欠損を含むレコードの確認
df_data[df_data.isnull().any(axis=1)]
```

図表5-10　欠損値が含まれるレコードの抽出

	id	age	job	marital	education	default	balance	housing	loan	contact	campaign	pdays	previous	poutcome	result
4	5	48	management	married	tertiary	NaN	0	yes	no	cellular	2	125	6	failure	no
11	12	36	blue-collar	married	primary	NaN	599	yes	no	unknown	2	999	0	unknown	no
22	23	31	management	single	tertiary	no	1619	no	no	cellular	2	999	0	NaN	no
34	35	32	student	single	tertiary	no	1138	no	no	telephone	3	999	0	NaN	no
56	57	53	management	divorced	tertiary	no	50	yes	no	cellular	1	337	3	NaN	no
...	...	...	...	...	...	...	...	...	...	...	...	...	...	...	...
6304	6305	26	student	single	tertiary	no	5189	no	no	cellular	2	999	0	NaN	no
6305	6306	27	management	single	secondary	no	442	yes	no	unknown	1	999	0	NaN	no
6306	6307	45	technician	divorced	secondary	no	1309	yes	no	cellular	1	170	2	NaN	no
6307	6308	28	technician	divorced	tertiary	no	594	yes	yes	unknown	1	999	0	NaN	no
6308	6309	35	blue-collar	married	secondary	no	86	no	no	cellular	1	111	2	NaN	no

84 rows x 15 columns　　　　　　　　　　　　　　　　　▢ 欠損値

　データの中に欠損値が含まれるレコードだけを抽出したものを出力しています。84行の中に何かしらの欠損が含まれていることがわかります。具体的には表示されている表データの中で、"NaN"と記載されている部分が欠損値です。欠損が含まれるレコードがごく一部のため、これらを削除してモデルを作ることもできます。
　また、すべてのレコードを利用しモデルを作る場合には欠損データを補完する必要があります。補完するにはどのカラムに欠損があるのかということを確認する必要があります。

```
# 欠損値を含むカラムの確認
df_data.isnull().any(axis=0)
```

図表5-11　欠損値を含むカラムの確認

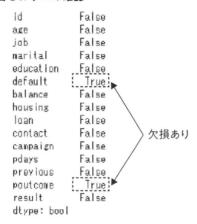

```
Id          False
age         False
job         False
marital     False
education   False
default     True
balance     False
housing     False
loan        False
contact     False
campaign    False
pdays       False
previous    False
poutcome    True
result      False
dtype: bool
```

欠損あり

　次にどのカラムに欠損が含まれているのかを確認します。結果が
Trueであるカラムのdefaultとpoutcomeに欠損があることがわかります。
どのような状態でデータが欠損するのかは担当者に確認をする必要があ
ります。

```
# カラムの分布の確認
fig, axes = plt.subplots(
            nrows=len(df_data.dtypes[df_data.dtypes==object])//4+1
            , ncols=4, figsize=(20,20)
)
idx = 0
for col, obj in df_data.dtypes.iteritems():
    if obj==object:
        df_data[col].value_counts().plot(kind="bar", title=col, ax=axes[idx//4, idx%4])
        idx += 1
```

図表5-12　各カラムのデータ分布の確認

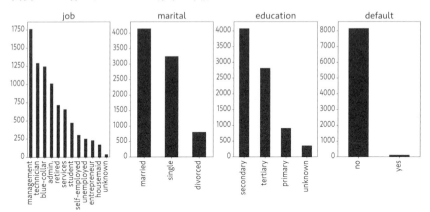

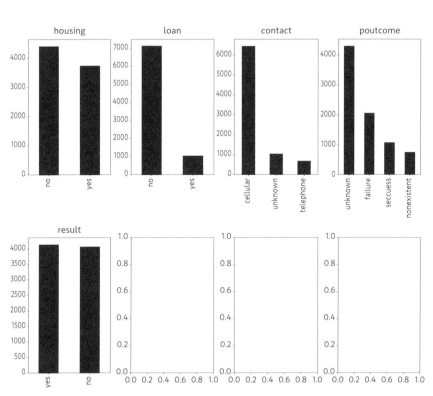

　カテゴリが含まれているカラムのそれぞれの頻度分布を確認します。それぞれのグラフは各カラムのカテゴリデータがいくつ出現したかを表しています。カラムによってはカテゴリデータが不均衡になっているものもあることが確認できます。

　また、カテゴリによっては不明を表すunknownというクラスが存在することもわかります。先ほどの欠損も内容次第ではunknownに割り振ってもよいのかもしれません。

```
# 数値情報の統計データ
df_data.describe()
```

図表5-13　数値情報の統計データ

	id	age	balance	campaign	pdays	previous
count	8200.000000	8200.000000	8200.000000	8200.000000	8200.000000	8200.000000
mean	4100.500000	39.762073	2106.511098	2.228537	606.886829	1.530366
std	2367.280437	14.079933	4821.703559	2.340294	418.984409	2.893450
min	1.000000	18.000000	-8019.000000	1.000000	1.000000	0.000000
25%	2050.750000	28.000000	169.000000	1.000000	171.000000	0.000000
50%	4100.500000	36.000000	677.000000	2.000000	999.000000	0.000000
75%	6150.250000	48.000000	2069.500000	3.000000	999.000000	2.000000
max	8200.000000	95.000000	98417.000000	58.000000	999.000000	58.000000

　数値情報を含むカラムの統計的なデータを表示しています。idについては1から順に連番が振られていることが想像でき、電話営業の成約・不成約を決める要因としては全く意味をなさないことが推測されます。このようなカラムはモデルを作る際には、説明変数から削除する必要があります。念のため、担当者に確認した上で削除しましょう。

　ここまでの作業からデータの基本情報を整理し、担当者に改めてヒアリングしました。

①各カラムの意味と中身

　データセットに含まれるカラムの説明は図表5-14の通りであることがわかりました。やはりidはただのインデックスであり説明変数には

ならないことが確認できました。したがって、モデルを作る際には、＃2～14のカラム（電話営業を行った顧客情報）を説明変数にし、＃15の成約実績を目的変数にすることになります。

図表5-14　データセットに含まれるカラムの説明

#	カラム名	型	カラムの説明
1	id	整数	データ抽出の際に付与したインデックス
2	age	整数	年齢
3	job	順序なし因子	職種 (admin, blue-collar, entrepreneur, housemaid, management, retired, self-employed, services, student, technician, unemployed, unknown)
4	marital	順序なし因子	婚姻ステータス (divorced, married, single, unknown)
5	education	順序なし因子	学歴 (basic.4y,basic.6y,basic.9y,high.school,illiterate,professional.course,university.degree,unknown)
6	default	順序なし因子	デフォルトの有無 (no, yes, unknown)
7	balance	整数	預金残高(単位:千円)
8	housing	順序なし因子	住宅ローンの有無 (no, yes, unknown)
9	loan	順序なし因子	住宅以外の個人ローンの有無 (no, yes, unknown)
10	contact	順序なし因子	連絡チャネル (cellular, telephone)
11	campaign	整数	今回のキャンペーンでのコンタクト回数
12	pdays	整数	最後にコンタクトした日からの経過日数 ※999は今回が初めてのコンタクトを意味する
13	previous	整数	前回のキャンペーンでコンタクトした回数
14	poutcome	順序なし因子	前回キャンペーンでの結果 (failure, nonexistent, success)
15	result	順序なし因子	今回のキャンペーンで成約したか (no, yes)

②欠損値について

　各欠損は情報がなかったということであり、意味としてはunknown
と同様であることが確認できたため、欠損はunknownで補完します。

　ヒアリングの内容を踏まえて、データを編集します。

```
# データの編集
del df_data['id']
df_data.fillna(value='unknown', inplace=True)
```

　DataFrameからidカラムを削除し、欠損部分をすべて「unknown」
で欠損を補完しました。

5-4 / 決定木の実施

　さて、ここからは機械学習モデルの作成フェーズに入ります。直近の売上目標が達成できておらず対策が急務であることや、営業部門が機械学習を業務に用いたことがないという状況を踏まえて、まずは分析結果が分かりやすい決定木を行うことにしました。

　営業部門の現在の業務内容を考えると、データ分析を用いて業務の改善などを行うことは一般的ではなく、結果の説明・解釈が比較的簡単である手法が適していると判断できます。

　まずは、分析結果をわかりやすい形で共有し、営業戦略を再考する上での示唆として利用してもらうことを目標とします。

必要なパッケージのインストール

```
# 必要なパッケージのインポート
from sklearn import tree
from sklearn.metrics import accuracy_score, precision_score, recall_score
from sklearn.metrics import plot_confusion_matrix
from sklearn.model_selection import train_test_split
```

　ここでは追加で機械学習を行うパッケージであるscikit-learnをインポートしています。また、パッケージの中で利用する機能が明確なものは関数名を指定してインポートしています。

データセットの作成

```
# カテゴリ一覧の取得
dict_class = {}
for col, obj in df_data.dtypes.iteritems():
    if obj==object:
        dict_class[col] = list(df_data[col].unique())
dict_class
```

```
{'job': ['management',
 'technician',
 'blue-collar',
 'admin.',
 'unemployed',
 'retired',
 'student',
 'entrepreneur',
 'services',
 'self-employed',
 'unknown',
 'housemaid'],
 'marital': ['single', 'divorced', 'married'],
 'education': ['tertiary', 'secondary', 'primary', 'unknown'],
 'default': ['no', 'unknown', 'yes'],
 'housing': ['no', 'yes'],
 'loan': ['no', 'yes'],
 'contact': ['cellular', 'unknown', 'telephone'],
 'poutcome': ['success', 'unknown', 'failure', 'nonexistent'],
 'result': ['no', 'yes']}
```

　scikit-learnではカテゴリ情報をテキストで入力することができないため、テキストを数値に変換する必要があります。

　通常業務であれば、それぞれにカテゴリマスタを作成してテキストから数値への変換を管理することが一般的ですが、ここでは演習を簡略化するために、DataFrameの中で上から順に出てきたカテゴリに数値を割り振っていくことにします。上の実行ではそのためのリストを作成しています。リストの上から0、1、2と数字を割り振ることになります。

```
# カテゴリ情報の数値化
for col, obj in df_data.dtypes.iteritems():
    if obj==object:
        df_data[col] = df_data[col].apply(lambda s: dict_class[col].index(s))
df_data.head()
```

図表5-15 カテゴリ情報の数値化

	age	job	marital	education	default	balance	housing	loan	contact	campaign	pdays	previous	poutcome	result
0	30	0	0	0	0	533	0	0	0	2	99	4	0	0
1	44	1	1	1	0	1262	1	0	1	11	999	0	1	0
2	44	2	2	1	0	88	1	0	0	1	999	0	1	0
3	27	3	2	1	0	1596	0	0	0	1	999	0	1	0
4	48	0	2	0	1	0	1	0	0	2	125	6	2	0

この実行では先に作ったリストに基づいて、カテゴリ情報をテキストから数値に変換しています。この変換をラベルエンコーディングと呼びます。ここでは理解のために変換処理を明示的に書きましたが、よく利用される処理のため、scikit-learnではLabelEncoderとして専用の関数が用意されています。

```
# データセットの分割
df_data_x = df_data[df_data.columns[df_data.columns != 'result']]
df_data_y = df_data['result']
X_train, X_test, y_train, y_test = train_test_split(
    df_data_x, df_data_y, test_size=0.3, random_state=1
)
```

　データセットを説明変数と目的変数のそれぞれに分割し、さらに7:3で学習用と検証用にデータセットを分割しました。3行目のtrain_test_splitで学習用と検証用にデータセットを分割しています。引数のrandom_stateは学習用と検証用にランダムにデータ分割をする際に利用する乱数シードになります。乱数シードが変化すると実行結果が変化するため、再現性を保証するためにも明示的に記載をしておくようにしましょう。

モデル作成

```
# 決定木のクラス呼び出しと学習
clf_tree = tree.DecisionTreeClassifier(random_state=1)
clf_tree = clf_tree.fit(X_train, y_train)
```

　2行目でscikit-learnの中の分類用の決定木クラスを呼び出し、3行目で学習データをセットし学習を実行しています。

```
# 学習データでの精度検証
pred_train = clf_tree.predict(X_train)
print('accuracy(train): %.4f'%accuracy_score(y_train, pred_train))
```

```
accuracy(train): 0.9997
```

　作成したモデルにより予測を行い、正解率の確認を行います。

99.97%という非常に高い正解率ですが、あくまで学習データに対する
正解率ですので注意してください。

```
# 検証データでの精度検証
pred_test = clf_tree.predict(X_test)
print('accuracy(test): %.4f'%accuracy_score(y_test, pred_test))
```

```
accuracy(test): 0.5390
```

　検証データに対する正解率は53.90%と低い結果となりました。ここ
での比較対象としては、成約と不成約はほぼ同数であったため、ランダ
ムで予測しても50%の正解率になります。つまり、ランダムに電話を
かける相手を選んだ場合と比べてあまり変わらないということがいえま
す。学習データでは99.97%の正解率であったものが、検証データに対
して精度が低下した理由は、モデルが学習データに特化しすぎ、汎用性
を失い過学習の状態になったためです。

ハイパーパラメータの最適化

　先ほどの結果は木構造の深さや分岐の数などモデルを作る際に事前に
決めておく項目（ハイパーパラメータ）について、scikit-learnのデフォル
ト値を用いたものになります。ひとまずどの程度の精度が出るのかを確
認した段階です。

　次はこれらのハイパーパラメータを調整して、モデル精度を改善して
いきます。ハイパーパラメータの最適化には、事前に準備した組み合わ
せを総当たり的に探索をするグリッドサーチやベイズ推定を用いたベイ
ズ最適化などの手法があります。本来の業務であれば、これらの手法を
用いて、より良いモデルを作り上げていきますが、ここではハイパーパ
ラメータの影響について簡単にイメージを持ってもらうために、その一
つである木構造の深さに関してマニュアルで変更してみたいと思います。

```
# 木の最大深さを指定して、モデルを再構築
clf_tree = tree.DecisionTreeClassifier(max_depth=10, random_state=1)
clf_tree = clf_tree.fit(X_train, y_train)
pred_train = clf_tree.predict(X_train)
pred_test = clf_tree.predict(X_test)
print('accuracy(train): %.4f'%accuracy_score(y_train, pred_train))
print('accuracy(test): %.4f'%accuracy_score(y_test, pred_test))
```

```
accuracy(train): 0.7354
accuracy(test): 0.6138
```

　ここでは木構造の深さを10までに制限してモデル作成を再実行しました。2行目の決定木クラスの引数で、木構造の深さを指定しています。前回のモデル作成時には指定をしなかった引数です。明示的に指定をしなかった引数には、デフォルトのパラメータが利用されるため、前回のモデル作成時にはデフォルト値だったことになります。

　一般に木構造の深さに制限を加えることで、モデルが複雑になりすぎることを避けることができるため、過学習を防ぐことができます。実際に、学習データの正解率は73.54%と前回モデルよりも低下したものの、検証データに対する正解率は61.38%と改善されました。

モデルの解釈

```
# 木構造の可視化
from IPython.display import Image, display_png
tree.export_graphviz(clf_tree, out_file='decision_tree.dot'
                     , feature_names=X_train.columns, max_depth=2)
!"C://Program Files (x86)/Graphviz2.38/bin/dot.exe" -Tpng decision_tree.dot -o decision_tree.png
display_png(Image('decision_tree.png'))
```

図表5-16　木構造の可視化（樹形図）

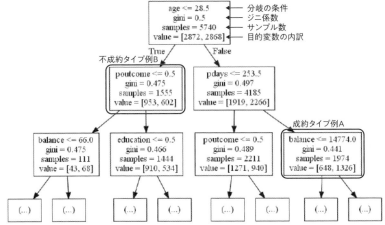

モデルの中身を解釈するために、木構造の可視化を行っています。画像をNotebook内に表示するために必要なパッケージをインポートしたのちに、3－4行目でモデルの木構造を出力し、5行目でGraphvizというグラフ構造を可視化するソフトウェアを用いて画像に出力をしています。6行目でそれをNotebook内に表示しています。

5行目の感嘆符から始まるGraphvizのファイルパスについては、ご自身の環境に応じて適宜変更してください。

グラフの読み取り方は、ボックス内の最上段に分岐の条件が記載されており、それがTrue（真）なら左下に、False（偽）なら右下に移動します。2行目はそのボックスでのジニ係数が、3行目にサンプル数、4行目にそれぞれのクラスの内訳が記載されています。

木構造の右下のボックス（成約タイプ例A）に着目をすると、年齢が28.5歳より高く、最後にコンタクトをしてから253.5日よりも日数が経過しているユーザー層は67%がキャンペーン成約するということが分かります。まずは、このユーザー層を中心とした電話営業を提案することで、成約率を上げることができるでしょう。

反対に、2段目の左側のボックス（不成約タイプ例B）に着目すると、年

齢が28.5歳以下のユーザー層は38.7%しか成約しないことが分かります。暫定的には年齢が28.5歳以下のユーザーへの電話営業の優先度を下げることで、結果として成約率を上げることができるでしょう。

　長期的な視点では、年齢が28.5歳以下のユーザーに対する架電時のトークスクリプトを見直したり、ウェブ広告やSNSなど顧客接点そのものを見直す必要もあるかもしれません。

　このように分析結果を整理して、営業部門にインプットすることで、営業戦略を見直すことができ、営業効率が改善されるでしょう。

5-5 ／ ランダムフォレストの実施

　次に、決定木よりも精度が高くなるといわれているランダムフォレストを用います。高精度の分析モデルを構築することができれば、営業リストへの優先度付けなどさらなる機械学習を利用した業務効率化につなげることができます。まずは今あるデータで、どの程度の精度が達成できるのか、システムとして組み込むことで業務効率化が可能なのかを見極めたいと思います。

モデル作成

```
# ランダムフォレストのクラス呼び出しと学習
from sklearn.ensemble import RandomForestClassifier
clf_rf = RandomForestClassifier(random_state=1, max_depth=10)
clf_rf = clf_rf.fit(X_train, y_train)
```

　決定木と同様にscikit-learnを用いてモデル作成を行います。決定木とモデルを呼び出す関数部分が違うだけで、他の部分は全く同じです。

```
# 精度検証
pred_train = clf_rf.predict(X_train)
pred_test = clf_rf.predict(X_test)
print('accuracy(train): %.4f'%accuracy_score(y_train, pred_train))
print('accuracy(test): %.4f'%accuracy_score(y_test, pred_test))
```

```
accuracy(train): 0.7674
accuracy(test): 0.6260
```

　決定木と比較すると、検証データの正解率はわずかには改善していますが、現状ではモデルを変えたとしても大幅な精度改善は難しいのかもしれません。
　モデルの精度改善にはレコード数を増やすことや、カラムを追加して情報量を増やすことなどが有効です。レコード数については今の業務からこの先どの程度のデータが蓄積されていくのかということを試算する

ことができます。必要な情報量については、営業担当と意見交換をする
必要はありますが、電話営業の場合には架電した日時や時間帯なども重
要であることは知られています。現段階では取得できていないものの精
度向上に必要な情報については、システム担当者も交えて将来的に取得
できるように改修していく必要があるでしょう。

精度検証

　現状の精度で業務利用が可能かどうかは、モデルの利用方法にもより
ます。例えば、分類数が膨大にあり仕分け作業が煩雑な業務の場合に
は、精度がそれほど高くないにしても、機械で事前に振り分けをした後
に作業員が仕分け作業に当たることで、作業負荷が軽減するというよう
なケースもあります。

　どのようにモデルを利用するかということも含め、営業部門と議論す
る必要があるでしょう。まずはそのためにも今のモデル精度を多角的に
精査しましょう。

```
# 混同行列の作成
plot_confusion_matrix(clf_rf, X_test, y_test, values_format='d', cmap='Blues')
```

図表5-17　混同行列

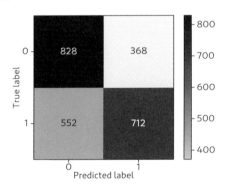

　分類問題の場合モデルの精度がどの程度であるかということをより具
体的に把握する方法として混同行列があります。前図は横軸にモデルの

予想結果、縦軸に実際の成約結果を示しています。例えば右上の第1象限であれば、モデルが成約（1）と予測したものの、実際には不成約（0）だったレコードが368件あるということを示しています。

```
# 適合率、再現率
print('precision: %.4f'%precision_score(y_test, pred_test, labels=1))
print('recall: %.4f'%recall_score(y_test, pred_test, labels=1))
```

```
precision: 0.6593
recall: 0.5633
```

　適合率と再現率は混同行列の結果をより定量的に表現したスコアになります。適合率はモデルが成約と予測した中で実際に成約をした割合、再現率は実際に成約するデータの中でモデルが成約と予測した割合を示しています。

　例えば、機械が成約と予測した顧客にだけ電話をすると、65.93%の成約率になりますが、実際に成約できたであろう顧客のうち、56.33%としか成約できていないということです。どの程度の割合に架電できるかということも踏まえた上で、今の精度で業務利用した場合に効果が得られるのかということを見極める必要があります。

SHAPを用いたモデル解釈

　最後にランダムフォレストを用いて作成した分析モデルをSHAPを使って解釈していきます。SHAP値とは予測値ごとにそれぞれの説明変数がどのような影響を与えたかを算出するものです。

```
# パッケージのインストール
import shap
```

　SHAPを計算・描画するためのパッケージをインポートします。

```
# Shap値の計算
explainer = shap.TreeExplainer(clf_rf, feature_perturbation="tree_path_dependent")
shap_values = explainer.shap_values(X_test)
```

　SHAP値の計算を行います。

```
# 各レコードの変数の影響度を可視化
idx = 100
shap.initjs()
shap.force_plot(explainer.expected_value[1]
                , shap_values[1][idx], feature_names=X_test.columns
)
```

図表5-18　各レコードの変数の影響度

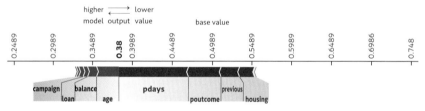

※実際の実行結果は赤と青で表示されます

　検証データの各レコードについて、それぞれの説明変数が予測結果（成約確率）に対して、どの程度寄与したかを可視化したものです。idxでレコード（特定の顧客）を指定していますので、idxの値を変えることでそれぞれのレコードの結果を確認することができます。

　黒字（higher）が成約に対してポジティブに影響した説明変数で、赤茶色字（lower）がネガティブに影響した説明変数になります。それぞれのバーの長さが影響度を示しています。

　このレコードでは、pdays（前回のコンタクトからの日数）が最もネガティブに影響していることが分かります。

```
# 変数別の影響度の可視化
shap.summary_plot(shap_values[1], feature_names=X_test.columns, plot_type='violin')
```

図表5-19　変数別の影響度

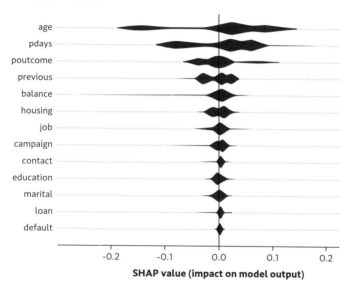

前の結果は各レコード（特定の顧客）に対する説明変数の影響度を可視化したものですが、上図はそれをデータセット全体（全顧客）で集計した結果です。

上から順に影響度の大きな説明変数が並んでいます。今回の分析の場合には、age（年齢）の影響が最も大きいことがわかります。多くはポジティブに影響するものの、一部では強くネガティブに影響するものもあることがわかります。反対にdefault（デフォルトの有無）はモデルにほとんど影響を及ぼしていないということが確認できます。

```
# 年齢別のSHAP値
shap.dependence_plot("age", shap_values[1], X_test
                    , feature_names=X_test.columns, interaction_index=None
)
```

図表5-20　年齢別のSHAP値

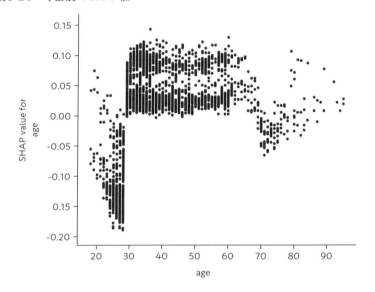

　次に説明変数の値による予測結果の影響度を見ます。上の図は、age
（年齢）に対するSHAP値をプロットしたものです。29歳を境に傾向が
大きく変わっていることが確認できます。29歳未満のユーザーは年齢
という因子が予測結果にネガティブに影響を及ぼし、29歳以上65歳程
度までのユーザーには年齢という因子が予測結果にポジティブに影響を
及ぼしていることが分かります。この結果自体は、前に行った決定木分
析でも確認できた結果と一致します。

```
# 年齢と前回コンタクトからの日数別のSHAP値
shap.dependence_plot("age", shap_values[1], X_test
                    , feature_names=X_test.columns, interaction_index='pdays'
)
```

図表5-21　年齢と前回コンタクトからの日数別のSHAP値

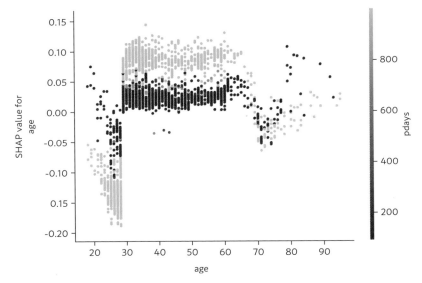

※実際の実行結果は青から赤への変化でカラーバーが表示されます

　この図は上で示した、age（年齢）に対するSHAP値に加えて、カラーで影響度が2番目にあるpdays（前回のコンタクトからの日数）の値を示したものになります。ageだけの描画ではわかりづらかったですが、pdaysの大きさに応じて、ageの影響度が大きくなっていることが確認できます。30歳未満のユーザー層は頻繁にコンタクトをとることで成約率が向上し、30歳以上のユーザー層に対しては、頻繁にコンタクトをすることは悪影響であることが分かります。

　以上のことから、次のような示唆が出せます。これらの分析結果をもとに営業部門とディスカッションをすることになります。

1. 30～60代については初回や前回のコンタクトから時間が大きく空いているユーザーから優先的に営業活動をすること
2. 現状の営業は20代にはほとんど効果がないため、トークスクリプトや商材、顧客接点など抜本的な営業戦略の再検討が必要
3. 20代に対する効果は小さいものの、頻繁なコンタクトがプラスにはたらく

5-6 / その他の分析モデル

　今回の演習では決定木とランダムフォレストを行いましたが、このほかにも様々な分析モデルが存在します。

　分析業務においてどの分析モデルを利用するかということは、分析の目的や取り扱うデータの種類によってある程度決まってきます。こうして絞られた分析モデルの中からどのモデルを選択するかは、ビジネスニーズに応じて決定していきます。具体的には分析モデルの理解のしやすさ（解釈性）とモデル精度のどちらを優先するかということです。

　今回の演習では、エンドユーザーである営業部門が機械学習を業務に用いたことがないという状況を踏まえて、まずは機械学習の中でも解釈性の高い決定木分析を行い、そのあとにより高精度なモデル構築のためにランダムフォレストによる分析を行いました。

　はじめて機械学習に取り組むような場合には、解釈性を優先することが多いです。分析モデルがどのようなものかがつかめない状況で、単に精度だけをアピールしたところで、なかなか受け入れてもらえないからです。

　このようにエンドユーザーの理解度に応じて分析モデルを選択することもありますし、一方で、単に期待される精度だけを優先して分析モデルを選択することもあります。どの分析モデルが適切かということは、それぞれのビジネスシーンに応じて変わってきます。

　続いて、今回の演習の中では取り扱わなかった分析モデルの中で、第3章で説明をした古典的な統計手法であるロジスティック回帰分析と、第4章で説明した機械学習手法の一つであるXGBoostを紹介します。ロジスティック回帰分析は可読性が高く、XGBoostは高い予測精度が期待できるモデルといえます。

ロジスティック回帰分析

　ロジスティック回帰分析を行うにあたり、まずはデータセットをダミ

ー変数化します。これまでの分析ではカテゴリが含まれるクラスに関して、単にカテゴリを数値に置換するという処理を行っていて、数値の大小関係に意味がない状態でした。

　木構造の分析モデルでは中で細かく分類されるため問題ありませんでしたが、ロジスティック回帰分析では数値の大小関係が確率に寄与するため、クラスの中のカテゴリごとの有無を示すクラスを新たに設けるダミー変数化の処理を行います。

```
# カテゴリ変数のダミー変数化
X_train_dummy = X_train.copy()
X_test_dummy = X_test.copy()
for col in ['job', 'marital', 'education', 'contact', 'poutcome']:
    X_train_dummy[col] = X_train_dummy[col].astype('str')
    X_test_dummy[col] = X_test_dummy[col].astype('str')
X_train_dummy = pd.get_dummies(X_train_dummy, drop_first=True)
X_test_dummy = pd.get_dummies(X_test_dummy, drop_first=True)
```

　カテゴリ数が3つ以上のクラスに関して、ダミー変数化を行います。数値に変化した値を一度テキストデータに変換し、pandasの get_dummies関数を利用してダミー変数化しています。引数でdrop_first=Trueと設定することで、最初のカテゴリに該当するクラスを削除することができ、多重共線性を回避することができます。

　ここからが実際にロジスティック回帰分析のモデル構築のステップです。

```
# 必要なパッケージのインポート
from sklearn.linear_model import LogisticRegression
from sklearn.metrics import accuracy_score
```

　ロジスティック回帰分析も決定木やランダムフォレストで利用した scikit-learnというパッケージを用いることで簡単に実装することができます。まずはscikit-learnの中からロジスティック回帰のためのクラスをインポートします。

```
# ロジスティック回帰モデルの呼び出しと学習
lr = LogisticRegression(random_state=0)
lr = lr.fit(X_train_dummy, y_train)
```

```
C:\Anaconda3\envs\workplace\lib\site-packages\sklearn\linear_model\_logistic.py:940:
ConvergenceWarning: lbfgs failed to converge (status=1):
STOP: TOTAL NO. of ITERATIONS REACHED LIMIT.

Increase the number of iterations (max_iter) or scale the data as shown in:
    https://scikit-learn.org/stable/modules/preprocessing.html
Please also refer to the documentation for alternative solver options:
    https://scikit-learn.org/stable/modules/linear_model.html#logistic-regression
  extra_warning_msg=_LOGISTIC_SOLVER_CONVERGENCE_MSG)
```

　2行目でロジスティック回帰のクラスを呼び出し、3行目で学習デー
タをセットし学習を実行しています。警告が表示されますが、これは学
習が収束しなかった（学習の終盤部分でもパラメータのアップデートのたびに
値が大きくかわってしまう）ということを示しています。LogisticRegression
の引数に反復回数の最大を指定できるので、デフォルト値（100）より
も大きな値でやり直してみましょう。

```
# ロジスティック回帰モデルの呼び出しと学習
lr = LogisticRegression(max_iter=1000, random_state=0)
lr = lr.fit(X_train_dummy, y_train)
```

　反復回数（max_iter）を1,000にすると、警告が出ず、学習が収束しま
す。

```
# 精度検証
pred_train = lr.predict(X_train_dummy)
pred_test = lr.predict(X_test_dummy)
print('accuracy(train): %.4f'%accuracy_score(y_train, pred_train))
print('accuracy(test): %.4f'%accuracy_score(y_test, pred_test))
```

```
accuracy(train): 0.5840
accuracy(test): 0.5821
```

　次に作成モデルの精度検証を行います。精度は検証データで58.21%

となり、上節で実施した機械学習の決定木（61.38%）やランダムフォレスト（62.60%）よりもやや低い精度であることがわかります。

```
# 説明変数の回帰係数、オッズ
import math
df_coeff = pd.DataFrame([X_train_dummy.columns, lr.coef_[0]]
                        , index=['column', 'coefficient'])
df_coeff = df_coeff.T
df_coeff.loc[len(df_coeff)] = ['intercept', lr.intercept_[0]]
df_coeff['odds'] = df_coeff.coefficient.apply(lambda x: math.exp(x))
df_coeff
```

図表5-22　説明変数の回帰係数、オッズ

	column	coefficient	odds		column	coefficient	odds
0	age	0.0119768	1.012049	15	job_6	-0.177996	0.836946
1	default	-0.148984	0.861583	16	job_7	-0.222839	0.800244
2	balance	-2.70307e-05	0.999973	17	job_8	-0.109	0.896730
3	housing	-0.0923785	0.911760	18	job_9	-0.0801185	0.923007
4	loan	-0.303078	0.738542	19	marital_1	0.125439	1.133646
5	campaign	-0.0343233	0.966259	20	marital_2	0.129578	1.138348
6	pdays	0.000613065	1.000613	21	education_1	-0.228688	0.795577
7	previous	0.00280213	1.002806	22	education_2	-0.319595	0.726443
8	job_1	0.086821	1.090701	23	education_3	0.0163632	1.016498
9	job_10	0.0755307	1.078456	24	contact_1	-0.453661	0.635298
10	job_11	-0.042012	0.958858	25	contact_2	-0.174047	0.840257
11	job_2	0.0377382	1.038459	26	poutcome_1	-0.238161	0.788075
12	job_3	0.117439	1.124613	27	poutcome_2	-0.499587	0.606782
13	job_4	0.0370738	1.037770	28	poutcome_3	-0.276567	0.758383
14	job_5	-0.18154	0.833985	29	intercept	-0.201155	0.817786

※ Notebook上は1段で表示されるが、紙面の関係上2段で表示

　モデルの解釈ということで、各カラムの係数とオッズ比を計算しています。カラム名のインデックスは上で計算をしたカテゴリ一覧のインデックスに対応します。モデルの精度が高くないため、オッズ比の広がりも小さいですが、オッズ比を比較することで変数間の影響を比較することができます。

　例えばjob（職業）に注目すると、job_5:retired（退職者）、job_6:student
（学生）、job_7:entrepreneur（起業家）の成約率は他の職業に比べて低いこ
とがわかります。このように各変数の影響を直接的に読み解くことができ
る点が、ロジスティック回帰分析の利点になります。

　ここまで実施したプログラムの大部分の記述は上節で紹介した決定木
やランダムフォレストでも同様でした。scikit-learnに実装されている分
析モデルであれば、最初に呼び出す分析モデルのクラスは変わるもの
の、そのあとの実装はほぼ同じものです。ロジスティック回帰分析の演
習はここまでですが、この後も上節を参考に混同行列などの計算をする
こともできます。

XGBoostによる分析

　次に機械学習手法の中でも近年利用されることが多いXGBoostにつ
いて、演習を行っていきます。XGBoostについては、scikit-learnではな
く、xgboostというパッケージを利用します。xgboostを利用する場合で
も、scikit-learnと類似の実装が可能なため、あまり難しくはありませ
ん。

```
# xgboostモデルの呼び出しと学習
from xgboost import XGBClassifier
clf_xgb = XGBClassifier(random_state=0)
clf_xgb = clf_xgb.fit(X_train, y_train)
```

　2行目のクラス読み込みはxgboostに変わりますが、3行目でxgboost
のクラスを呼び出し、4行目で学習を行う部分はscikit-learnの実装と同
様です。

```
# 学習データでの精度検証
pred_train = clf_xgb.predict(X_train)
pred_test = clf_xgb.predict(X_test)
print('accuracy(train): %.4f'%accuracy_score(y_train, pred_train))
print('accuracy(test): %.4f'%accuracy_score(y_test, pred_test))
```

```
accuracy(train): 0.6780
accuracy(test): 0.6341
```

推論の方法も scikit-learn と全く同様にできます。戻り値も scikit-learn と同様のため、正解率の計算には scikit-learn の関数を利用できます。検証データの精度は 63.41% です。決定木やランダムフォレストと同様に、木の深さを制限するなどハイパーパラメータの探索の余地はありますが、精度は決定木やランダムフォレストとあまり変わりません。決定木をベースとしたアルゴリズムとしてはこれが限界なのかもしれません。

　このように理論的には異なる分析モデルであっても、プログラミング方法にはそれほど大きな違いはなく、簡単に複数のモデルを試すことができます。分析を始める前に利用するモデルについておおよその目安は立てながらも、臨機応変にモデルを変えてみるということも精度改善につながるポイントです。

5-7 / まとめ

　ビジネスシーンにおいては、モデルを作ることがゴールではなく、モデル作成を手段にして、業務を効率化したり、そのための示唆を抽出することがポイントになってきます。高精度のモデルを作ることができれば抜本的に業務を効率化できるでしょう。

　また、精度がそれほど高くない場合であっても、モデルや分析結果を精査することで、既存業務に価値ある示唆を出すことが可能です。今回の演習では高精度のモデルを作ることはできませんでしたが、その過程で得られた示唆は業務改善につながるものでしょう。つまり、ビジネスシーンにおいては、モデル精度も大事ではありますが、どれだけモデルを理解できているかということが重要になってきます。モデルを理解するためには、まずはデータをよく理解する必要がありますし、分析結果についても様々な角度から解釈することが求められます。さらにそれらはビジネス視点で行うことが求められます。

　これら一連の業務をデータサイエンティストだけで行うことは難しいことかもしれません。実際の業務においてはビジネスサイドのメンバーと協力してプロジェクトを遂行することが多く、データサイエンティストには、分析内容をかみ砕いて説明するということが求められます。Kaggleなどのコンペティションとは違い、ビジネスシーンにおいては、モデルを作ることがゴールではなく、使われて初めて意味があるということを心に留め、説明などのコミュニケーション部分にも重きを置く必要があるでしょう。

第 **6** 章

AI技術の利活用

第4章ではビジネスシーンで最も活用されている機械学習手法について解説しました。この手法で取り扱うデータは、エクセルやデータベースなどの構造化データです。一方で世の中にはカメラの画像やマイクの音声など非構造化データも多く、スマートスピーカーの音声認識や自動運転の画像認識など、非構造化データを用いた機械学習手法にも注目が集まりつつあります。

構造化データを用いた機械学習では、解決したい課題や利用するデータがユーザーごとに違うため、第5章で紹介したように個別にモデル構築を行うことが一般的です。一方で、非構造化データを用いた機械学習では画像認識や音声認識など、適応したいタスクがユーザーを越えて共通する場合が多くあります。このようなタスクについては、すでにサービスとしてAIのエンジンが提供されており、これらを利用することで効率的にAI技術の利活用を実現できます。

本章の前半部分では、最新のAI技術のトレンドであるDeep Learningの技術的な解説と、Deep Learningモデルを開発する上でのポイントを紹介していきます。後半部分ではビジネスシーンにおけるAI技術の利活用のイメージを持っていただくために具体的な事例を紹介し、これらを開発するための手法やAIサービスの解説をしていきます。

6-1 / Deep Learningとは?

　画像や音声など非構造化データの解析精度向上に寄与し、近年のAIブームの火付け役になったともいわれている技術として、**Deep Learning**（深層学習）があります。まずはDeep Learningとは何かということを、歴史的な背景も踏まえながら説明していきたいと思います。

■ 1　Deep Learningの概要

　Deep Learningとは、人間の脳の中で行われている情報処理に着想を得て作られた数理モデルで、機械学習の一種に分類されます。

　人間の脳の中には、ニューロンと呼ばれる神経細胞が大脳だけで100億個以上あるといわれています。脳の中ではニューロン同士がシナプスを介して電気信号を送りあうことにより情報処理を行っています。ニューロンは前の複数のニューロンから流れてきた電流の強さに応じて、次のニューロンに電流を流すかどうかを判断（閾値判断）しています。神経学的にはこれをニューロンの発火と呼びます。

　この単純な処理が脳全体の情報処理で非常に重要な役割を担っています。もしニューロンで閾値判断を行わず前のニューロンの電流をそのまま次のニューロンに流していれば、入力の電流強度が少し変わった場合に、出力の電流強度も少ししか変わりません。ニューロンでの閾値判断が加わることによって、入力の電流強度が閾値を跨いで少し変わった場合には、出力の電流強度が大きく変わってきます。複数のニューロンを組み合わせた場合には、その振る舞いはさらに複雑なものになります。これによって脳は複雑な情報処理を行うことができるのです。

　このようなニューロンの働きを数学的に表現したものが**人工ニューロン**と呼ばれるものです（図表6-1）。そして、この人工ニューロンを複数準備して、ネットワークとして組み合わせたものが、**ニューラルネットワーク**と呼ばれます。

　Deep Learningもこのニューラルネットワークの一種です。基本的な

図表6-1　人工ニューロン

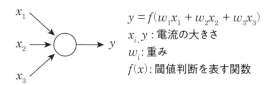

$$y = f(w_1 x_1 + w_2 x_2 + w_3 x_3)$$
x_i, y：電流の大きさ
w_i：重み
$f(x)$：閾値判断を表す関数

Deep Learningのモデルは、人工ニューロンを複数並列に並べた層を準備し、この層同士を結合させていくことでネットワークを構成していきます。

　Deep Learningは近年、急激に注目を集めるようになりました。学問的には、ニューラルネットワークが複雑な問題を解決できるということは1960年代ごろにはすでに知られていました。しかし、当時はどのように重みを学習させればよいかということが解明されていませんでした。そのため大きな技術革新には至らず、やがてニューラルネットワークは下火になり、冬の時代に突入していきます。

　1980年代に入り、**誤差逆伝播法**（バックプロパゲーション）という重みの学習方法が開発されますが、当時の計算機のマシンスペックが低かったことから多数の人工ニューロンを組み合わせた複雑な計算を行うことができず、単純なモデルしか扱えなかったことで、またもや冬の時代を迎えます。

　そして、3度目に注目されるきっかけが、2012年の物体認識の精度を競うコンペで、トロント大学のヒントン教授らのチームがニューラルネットワークの技術を用いて従来型の機械学習の手法を用いた2位のチームに大差をつけて優勝したことでした（図表6-2）。このころにはパソコンのディスプレイモニタに映像を映し出すためのチップである**GPU**（Graphics Processing Unit）を並列計算に利用する技術が開発され、重みの学習にマシンスペックがボトルネックになるという問題は解消されつつありました。

　ちなみにDeep Learningという名称は、人工ニューロンを何層も（Deepに）組み合わせることからヒントン教授らが名付けたものです。

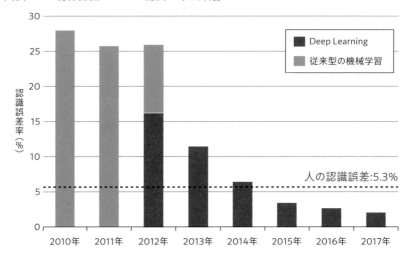

図表6-2　物体認識コンペの精度の年次改善

※Large Scale Visual Recognition Challenge (ILSVRC) の結果を記載

これまであまり改善傾向になかった物体認識の分野において劇的な精度改善を見せたことで、Deep Learningは多くの研究者や技術者の注目の的になりました。

　これにより2013年以降は物体認識のコンペの優勝モデルはすべてDeep Learningとなり、2015年には人の認識誤差をも上回る性能を達成しました。物体認識のコンペ自身は一定の役割を果たしたということで2017年を最後に終了しましたが、最新の研究領域は単なる物体認識から領域抽出や画像生成などより複雑なタスクや、テキストや音声などの他データの解析へと移っていきました。

■　2　なぜ認識精度が高いのか

　ではなぜDeep Learningは従来型の機械学習に比べて高い認識精度を達成できたのでしょうか。理由のひとつは、Deep Learningは従来型の機械学習に比べて**モデルの持つパラメータ数が多い**ということです。膨大な数のパラメータによって高い表現力を発揮することができ、高度な処理が可能になります。パラメータ数が膨大だということはその分だけ

学習に時間がかかったり、過学習に陥りやすいなどの注意点があります。こちらについては次節以降、開発していく上での注意点として説明していきます。

　Deep Learning が従来型の機械学習に比べて高い認識精度を達成できたもうひとつの理由は、Deep Learning は**従来型の機械学習に比べて前処理がほとんど必要ない**ということです。従来型の機械学習では画像の色や形状から特徴量を抽出し、その特徴量をもとに機械学習を行います。特徴量の設計は人が行いますので、この時点で情報が欠落してしまう可能性があるのです。それに比べて Deep Learning は画像データをそのまま入力データに用いることができるため、情報が欠落するということがなく、従来型の機械学習に比べて高い精度が実現できるといえます。

　Deep Learning が入力データから出力データまでエンドツーエンドでカバーしているということは精度面では利点ですが、解釈性の観点からは欠点でもあります。従来型の機械学習では、入力データから生成した特徴量を第4章で述べた解釈性を深める指数を用いて分析することにより、モデルの判断基準を解釈することが可能です。一方で Deep Learning の場合には、ネットワークの過程でどのように計算しているかということは明らかであるにもかかわらず、それぞれの計算が何を意味しているかということを人が理解することは困難です。これが Deep Learning がブラックボックスといわれる所以です。

　この Deep Learning がブラックボックス化するという問題に対しては、判断根拠を可視化する手法が提案されています。入力データが画像の場合に限定されますが、モデルが画像のどこに着目して予測をしたかということを可視化する手法（**Grad-CAM**）があります。

　図表6-3は Grad-CAM の実行例です。（a）が元画像で、（b）、（c）は推論時の着目箇所を可視化したヒートマップです。（b）が猫と判断したとき、（c）が犬と判断したときで、それぞれ元画像の猫と犬の上に着目箇所があることが確認できます。このように判別結果と判断箇所を比較することで、モデルが問題を理解した上で判別を行っているかということ

図表6-3　モデルの判定根拠の可視化

（a）元画像

（b）猫と判断した
　　際の着目箇所

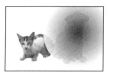

（c）犬と判断した
　　際の着目箇所

を確認できます。

6-2 / Deep Learningモデルを 開発する上でのポイント

　Deep Learningのモデル開発では、ネットワークモデルを事前に構築し、学習データを用いてネットワークモデルのパラメータを最適化していきます。ネットワークモデルは、毎回ゼロから構築するのではなく、先行研究などから高精度が実現できたといわれている実績のあるネットワークモデルを用いることが一般的です。Deep Learning開発のためのライブラリの多くには、代表的なネットワークモデルはすでに構築済みのものが準備されていて、それらを利用します。ネットワークモデルは画像解析や時系列データ解析など目的に応じて適切なものを選びます。

■ 1　ネットワークモデルの種類

　画像解析で基本的なネットワークはConvolution層を用いたネットワーク構造である**CNN**（Convolutional Neural Network;畳み込みニューラルネットワーク）です。Convolution層とは、図表6-4に模式的に示したように、小さな画像フィルタを用いて画像を上下左右に順に走査していき、それぞれに値を1つ出力し、特徴量マップを生成していくような変換です。

　画像フィルタを用いた変換は簡単な四則演算で、ピクセル値とフィルタの重みを掛け合わせて、それぞれを足し合わせたものをその箇所での出力値にします。このように計算することで、画像の局所的な情報を抽出できます。この画像フィルタを複数準備することで、様々な情報を抽出した特徴量マップが複数作成されます。

　このような変換は従来型の画像処理でも一般的なものですが、Deep LearningにおけるConvolution層の特徴は、画像フィルタのパラメータが学習の対象で、学習を進める過程で画像フィルタが変化していき、最後には適切な画像フィルタが生成されるところです。一般的なCNNではConvolution層を複数回繰り返します。Convolution層の繰り返し処理の中で、はじめは画像から点や色などの単純な特徴量が抽出され、それらが組み合わされて次第に複雑な特徴量となり、抽象的な表現ができる

図表6-4 Convolutionの模式的な説明

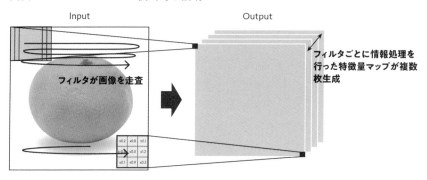

までになります。こうして作られた特徴量を最後の出力層ですべて組み合わせて、解析結果を出力します。

　CNN型のネットワーク構造の中でも有名なものとして**ResNet**（Residual Network）があります。Deep Learningモデルはネットワークを複雑にするとモデルの表現量が向上するため、高い精度が期待できる半面、学習が困難という問題がありました。ResNetはネットワーク処理をショートカットする構造をモデル全体に持たせることにより、効率よく学習することを実現したネットワークです。ただし、モデルの複雑性が高いため、学習用のマシンスペックの充実や長時間の学習が必要になってきますから、その点は注意が必要です。

　時系列データ解析やテキスト解析でよく用いられるネットワークモデルには**RNN**（Recurrent Neural Network;再帰型ニューラルネットワーク）があります。一般的なDeep Learningのネットワークモデルは複数回、予測実行をした際には毎回独立に処理を行います。前にどのような予測をしたかということは次回の予測には関係してきません。

　それに対してRNNはネットワーク上にRecurrent構造と呼ばれるフィードバック構造を持つことで、入力データの情報をネットワーク上に一時的に保持し、次の入力データの予測の際に利用することができます（図表6-5）。このような特徴により、RNNは入力情報の前後関係に意味のある時系列データ解析やテキスト解析において、高精度を実現するこ

図表6-5　RNNの概要

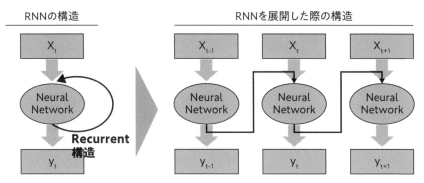

とができます。

　図表6-5の展開後のネットワークからも少しイメージができるかもしれませんが、RNNは直前の入力データの影響が強く、長期的な記憶が弱いという欠点があります。これを改善したものが、**LSTM**（Long short-term memory）というネットワーク構造です。LSTMのネットワーク構造の詳細は複雑なため本書では省略しますが、こちらも有名なネットワークなので、Deep Learningのフレームワークには構築済みのネットワークが準備されています。

■ 2　開発する上での課題

　ここまで画像やテキスト、時系列データに関するネットワーク構造について述べましたが、ここからは実際に開発する上での課題やポイントについて説明します。例えば、Deep Learningは従来型の機械学習に比べて学習に要する時間が長時間に及んだり、追加のラベル付けが発生したりと、スケジュール面でも注意が必要です。画像解析を例として説明をすることが多いですが、基本的なポイントはテキストや時系列データでも同様です。

　まずは**精度**と**データ量**の話をしていきます。画像認識のコンペの例（図表6-2）では従来型の機械学習に比べてDeep Learningの精度が圧倒的によいということを述べましたが、いかなる場合でもDeep Learningが

高精度ということではありません。**Deep Learning のモデルを十分に学習するためには、数万というデータ量が必要**になります。従来型の機械学習では数千程度ですから、Deep Learning ではこれまでに比べ膨大なデータが必要になることがわかります。

　データが十分にない場合、Deep Learning の精度が従来型の機械学習の精度に劣るということは実際の業務ではよくあることです。したがって準備ができる**データ量に応じて Deep Learning の採用可否を判断**する必要があります。

　しかし、ビジネスシーンで数万というデータがある場面はほとんど限られます。実際には限られたデータ量で効率よく Deep Learning モデルを構築することが求められます。手法としては、**転移学習**（Transfer Learning）（図表6-6）や**画像の水増し**（Image Augmentation）（図表6-7）等を利用することで、限られたデータを用いて Deep Learning のモデルを作ることができます。

①転移学習

　転移学習とは犬や猫などの一般的な物体認識の学習済みモデルを学習時に利用する手法です。本来、Deep Learning のモデルを学習する際に

図表6-6　転移学習の概要

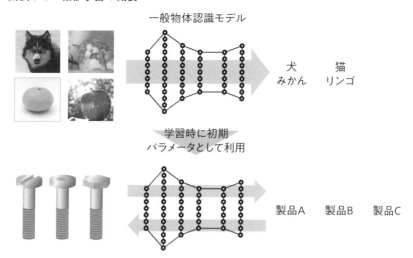

は、はじめに乱数を利用してネットワーク上のパラメータの初期値を設定します。学習の過程ではこのパラメータを徐々に修正していきます。転移学習ではパラメータの初期値に他のデータで学習したパラメータを利用します。すでに大量の画像をもとに汎用的な特徴量を抽出することができるパラメータをベースにすることで、画像が少ない状態でも精度の高いモデルを作ることができます。

　Deep Learningを開発するためのライブラリの多くは、代表的なネットワークについては一般的なデータを用いて学習を行った後の学習済みモデルがセットになっています。これを用いることで、データ数が限られる状況下でもDeep Learningモデルを構築することが可能になります。転移学習を利用することで、必要なデータ数を数百〜数千程度に抑えることができます。

②画像の水増し

　画像の水増しとはネットワークに入力する直前に画像を加工する手法です。代表的なものとして、図表6-7に示した回転・反転・移動・拡大/縮小などがあります。実際に利用する際には、これらの操作の組み合わせを用います。また、処理はあくまでプログラム上で行い、処理後の画像を保存することはありません。学習のたびに回転角や拡大率を変更しますので、1つの画像から多様な画像を見かけ上作り出すことができます。

　画像の水増しを行う際には、業務上発生しうる変換か、ということに

図表6-7　画像の水増しの例

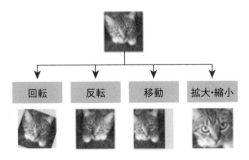

注意を払う必要があります。例えば、生産ライン上での製品検査のモデルを作る場合、反転するということはないかもしれませんし、回転角もそこまで大きくとる必要がないかもしれません。また、農作物の規格分類の場合には、農作物の大きさが意味のあるパラメータになっていることが考えられます。このような場合に拡大/縮小の処理を行ってしまうと、十分な精度のモデルができない可能性があります。このようなことを避けるためにも、画像の水増し処理だけを行った画像を保存し、業務知識のある人に確認してもらうということを事前に行っておくとよいでしょう。

　データ量は全体的に少ない場合もあれば、一部カテゴリだけ少ないという場合もあります。例えば製造業での製品検査などでは、製品異常は発生確率が非常に低く、いつまで経っても異常データが集められないといったことがあります。

　カテゴリ間のデータ量の偏りを修正することなくモデル作成を行った場合、データ量の偏りも含め学習が行われるため、正常に学習ができない場合があります。例えば、異常データが不足したままモデルを作成すると、モデルはどのようなデータが入力されても正常と判断してしまい、正常・異常の特徴を学習させることができません。このような場合には、データ処理で対応する方法か問題設定を変更する方法があります。偏りがあったとしてもある程度のデータ量を集められる場合にはデータ処理で対応をし、データがほとんど集められない場合には問題設定の変更を行います。

図表6-8　オーバーサンプリングのイメージ

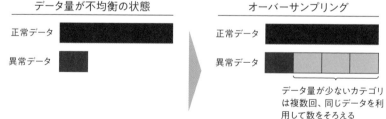

　データ量に偏りがある場合に採用するデータ処理として、第3章でも紹介したオーバーサンプリングという手法があります（図表6-8）。これは少量のデータセットを繰り返し利用することで、見かけ上はモデルに学習させるデータ量を他のカテゴリとそろえる手法です。画像の水増しを同時に利用することにより、全く同じ画像がモデルの学習に複数回利用されることを防ぎます。

　異常データがほとんどない場合には、正常データだけを用いた異常検知という手法をとる場合があります。これは正常データだけを用いて正常データを再現するモデルを構築する手法です。ネットワークの途中で入力画像よりも情報量を減らすことによって、本来の正常データの特徴を抽象化して学習することが可能です。このモデルに正常データが入力されると入力画像と近しい画像が出力されますが、異常データが入力されると、できるだけ正常画像に近しい画像に変換した画像が出力されます。例えば、異常として傷があれば、傷が消えた画像が出力されます。入力画像と出力画像のピクセル差分を計測し、ある閾値よりも大きければ、異常であると判断することができます。

　このように、データ量が少ない場合にも、技術的な工夫やビジネス面での利用シーンを再考するなどして対応することは可能です。まずはモデルを作る上での問題設定とデータをきちんと整理する必要があります。カテゴリごとのデータ量は十分か、カテゴリ内のデータは発生する事象すべてをカバーしているかなどモデルを作る前にデータを事前に正確に把握することによって、モデルを学習させたものの精度が出ないというリスクを下げることができます。

■ 3　データ量とモデル精度

　データ量に関して、Deep Learningと従来型の機械学習の違いはもう1点あります。それは学習データを増やした際の精度改善です。従来型の機械学習の場合には、問題の難しさにもよりますが、データ量が数千を超えたあたりから精度が頭打ちになり、それ以上は改善が見られないようになります。さらなる精度改善にはモデル自体を変える必要があり

ます。一方でDeep Learningはデータを増やせば増やすだけ、精度が改善するということが報告されています。具体的にはデータ量の対数に比例して精度が改善するといわれています。どの程度精度が改善するかは収集するデータの質や問題の難しさに応じて変わってきますが、あとどの程度データを集めれば、どの程度の精度改善が見込めるかを判断する際の基準にはなります。

このような特徴からもDeep Learningのモデルを使ったAIサービスを運用する際には、絶えずデータを収集するということがポイントです。あわせて、データの蓄積速度から将来期待される改善精度を計算しつつ、ビジネス上のマイルストンやROIなども考慮し、どの程度の頻度でモデルをアップデートするかを計画する必要があります。

■ 4 アノテーション作業

データに対する注意点として、データ量の他にも、データ自体を説明するラベルがついているかどうかという問題があります。ラベルを確認することが、モデル作成の依頼を受けた際に最初に対応する内容です。

例えば、生産ラインにカメラが設置されていて、画像は数万という量があるため、異常検知モデルを開発したいという依頼を受けることがあります。Deep Learningモデルを開発する上で準備するデータは入力と出力のセットです。この例の場合、入力画像はありますが、正常/異常を分けるラベルがない状態です。したがって、プロジェクトの開始時に、データにラベルを付けていくアノテーションと呼ばれる作業が必要になります。この作業はプロジェクト期間の中である程度の割合を割いてしまうため、注意が必要です。

アノテーションに専門性が求められない場合には、このアノテーションのフェーズだけ人を増員し、作業期間を短くすることもよく用いられる方法です。ただし、複数人がアノテーションを行う際には、だれがつけても結果が同じであるかを絶えず確認しながら作業を行う必要があります。近年ではワークフローも含めてアノテーション作業を効率化するためのツールや、アウトソーシングとしてアノテーションを請け負って

いる会社もありますので、そのようなサービスの利用を検討する場合も
あります。モデル作成をより早く行うためにも、いかにしてこのアノテ
ーション作業を効率的に行っていくかがポイントになります。

■ 5　モデルと実行環境

　第4章の構造化データを中心とした機械学習は業務利用が多く、シス
テム基盤上でモデルを動かすことが多いですが、Deep Learningのモデ
ルの中には、スマートフォンなどのエッジ端末でモデルを動かすことも
多くあります。この際、モデルのファイルサイズやメモリ使用量、処理
速度など、これまであまり気にしてこなかったことが問題となることが
多くあります。

　Deep Learningは従来型の機械学習と比較してパラメータが膨大にな
ることはすでに説明をしました。このことは精度の観点では利点です
が、実装面を考えるとファイルサイズが大きくなることや、処理速度が
遅くなるなどの欠点があります。したがって、マシンスペックがあまり
高くないエッジ端末で実装する場合には、従来型の機械学習や既存の画
像処理などで対応可能なものについては、それらを利用することもよく
あります。特に顔認識などの画像処理については、長く研究が行われて
きたこともあり、Deep Learningを用いることは少ない傾向があります。

　エッジ端末でDeep Learningを利用する場合、モデルをシンプルに作
り替える方法や、エッジ端末に特化したソフトウェアを利用することが
あります。モデルをシンプルにする方法としては、蒸留という手法を用
います。これは高精度かつ複雑なモデルで予測した際の最終層の数値デ
ータを予測する、簡単なモデルを作成します（図表6-9）。言い換えると、
人が準備したデータを予測するのではなく、高精度だが複雑なモデルが
出力する結果を予測するのです。人が準備したデータにはラベルのつけ
間違いやノイズが加わっていますが、この手法をとることでそれらが軽
減されます。こうして、元のモデルより精度は下がってしまうものの、
ゼロから作るよりは高精度で簡単なモデルを作成することができます。

　エッジ端末に特化したライブラリについては、AppleのCore MLや、

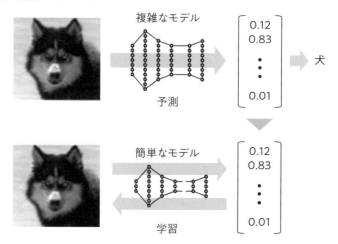

Intel の OpenVINO、NVIDIA の TensorRT などがあります。各社ともに
自社のハードウェアに特化した推論用のツールを提供していて、作成し
たモデルをこれらのライブラリで実行できるように変換して利用するこ
ともあります。

　変換については6-5で詳細を説明しますが、ONNX などの Deep
Learning の標準規格を利用するほか、各社が提供しているコンバーター
を利用します。しかし、すべての関数が変換に対応しているわけではあ
りませんので、モデルを変換して利用する可能性がある場合には、でき
るだけ一般的な関数を利用するなどして、変換エラーが発生するリスク
を減らすといった注意が必要になってきます。

6-3 画像解析について

　ビジネスシーンにおいて、画像データを取り扱う場面は多く存在します。普段はあまり意識していませんが、バーコードやOCR（Optical Character Recognition; 光学的文字認識）、最近ではタクシーの電子広告を搭載しているカメラ画像から識別した乗客の属性に応じて出しわけるなど、すでに世の中に普及している画像解析技術は多くあります（図表6-10）。

　バーコードなど事前にパターンが決まっている画像（Level 1）や、文字認識などのバリエーションが限られる画像（Level 2）に関しては、画像処理などの従来型の技術を利用することでサービス開発が可能になります。

　ただし、OCRを用いた画像認識についても、Level 2では名刺のような文字の配置にバリエーションがあるものや、癖の強い手書き文字、有名でないフォントなどには対応できませんでした。こういった多様な種類の画像（Level 3）を解析する場合にはDeep Learningなどの最新技術の

図表6-10　画像解析のこれまでの進化の歴史

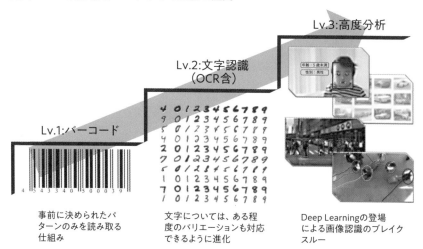

事前に決められたパターンのみを読み取る仕組み

文字については、ある程度のバリエーションも対応できるように進化

Deep Learningの登場による画像認識のブレイクスルー

図表6-11　画像解析における Level3 の活用シーン

顔認識　　　　　　　手書き文字認識　　　　　　歩行者検知

足取り追跡　　　　　　動線マッピング　　　　交通モニタリング

放置物体検知　　　　　　安全警報　　　　　オブジェクト認識

利用が必要になってきます。

　OCRの分野においても、Deep Learningなどの技術を利用し、従来の
OCRに比べ識字率の向上や様々なフォーマットに対応できる製品がソ
リューション化されつつあります。これらは既存のOCRと区別をする
ために、AI-OCRと呼ばれることがあります。このほかには、ECサイ
ト上での商品の自動ラベリングや監視カメラの撮影データを用いた不審
者検知などがLevel 3に該当する利用シーンとして存在します（図表
6-11）。

■ 1　画像解析の技術的整理

　Deep Learningを用いた画像解析によってどのようなことが実現可能
なのか、まずは技術ベースで整理をしていきます。Deep Learningによ
る画像解析には大きく分けて、分類、回帰、物体検出、領域抽出、画像
生成の5つがあります（図表6-12）。

　分類と回帰はこれまでの章で取り扱ってきた内容と同様で、分類が画

像からそのカテゴリを予想するもので、回帰が画像を定量化（数値化）するものになります。分類に関しては事前に学習させたカテゴリの中でどれに一番近いかということを予測するため、学習していないカテゴリは予測できないことに注意してください。

　物体検出と領域抽出は画像に含まれる物体のカテゴリとその場所を予測します。物体検出では対象画像を囲う長方形とカテゴリ名を出力することが一般的で、領域抽出ではピクセル単位でどのカテゴリかというこ

図表6-12　Deep Learning で行う画像解析の技術的整理

分類

回帰

物体検出

領域抽出

画像生成

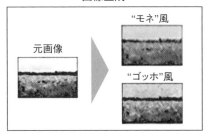

画像生成は Unpaired Image-to-Image Translation using
Cycle-Consistent Adversarial Networks から引用

とを出力することが一般的です。ユースケース次第ですが、大まかに物体がどこにあるかを知る場合には物体検出で十分ですし、対象物をマスクしたり、対象物の面積を算出したりするような場合には領域抽出を行う必要があります。

画像生成はDeep Learningの画像解析領域において最先端と言っても過言ではなく、様々な研究がなされています。例えばCycleGANという技術は、事前に学習した画像の特徴を持つように入力画像を変換する手法です。事前にモネやゴッホの絵画を学習することによって、風景画像を"モネ"風や"ゴッホ"風に変換することができます。

CycleGANのもとになっている手法はGAN（Generative Adversarial Networks、敵対的生成ネットワーク）と呼ばれる手法です。GANは画像を生成するネットワークモデル（Generator）と画像が本物かどうかを見極めるネットワークモデル（Discriminator）の2つを同時に学習していきます。GeneratorはDiscriminatorを騙そうと、より本物らしい画像を生成しようとし、Discriminatorは騙されまいと画像の真贋を見分けようとします。GeneratorとDiscriminatorが互いに切磋琢磨することで、より本物らしい生成モデルを作り出すことができます。この技術をベースに様々な生成モデルが作られています。

■ 2　画像解析技術のビジネス利用

これらの技術は、ビジネスにおいてどのように使われているのでしょうか。ビジネス利用を想像しやすいのは、分類と回帰だと思います。画像分類は仕分け作業の自動化に用いられることが多く、例えばECサイトに日々アップロードされる商品画像はカテゴリを付けなければ検索することができません。このような場合に、例えばアパレルのECサイトであれば、セーターやワンピースなどといった商品カテゴリのラベル付けモデルを作成することで、業務の効率化を図ることができます。ほかには、医療画像をもとに病気か病気でないかを判断するモデルを作れば、画像診断ができます。

回帰の場合には、図表6-12の例で挙げたようなコーディネートの評

価や、顔写真からの年齢推定、ファミリーレストランでの盛り付けの評価など画像を定量化し評価する業務で利用されることが多くなっています。

　物体検出については、ロボットなどのアクチュエータ（駆動装置）と組み合わせて使われることがよくあります。ロボットの眼となって、周辺環境を認識し、そのあとの行動判断のインプット情報として使われます。自動運転であれば、前方の車や信号機、歩行者の位置を検出するために用いられ、至近距離に歩行者が飛び出してきた場合には、ブレーキをかけるなどの操作を行います。このほかには農作業の自動化であれば、収穫ロボットが農園を巡回しながら収穫時期を迎えた作物を検出し、収穫のためにクリップでつかむための茎の位置を特定したりすることに用いられます。ドローンを使った肥料散布では、上空から作物の成長度合いを認識し、散布の量を調整します。物体検出はロボットとの連携以外にも、監視カメラの自動監視などにも用いられています。フレームごとの人物の位置を特定し、不審な行動をとっていないか、一定時間以上同じ場所に置かれている不審物がないかなどの監視に用いられています。

　領域抽出についても自動運転で用いられています。車道、歩道、センターラインなどの区別は領域抽出を利用し、多くはピクセル単位で行われています。このほかには、医療画像から腫瘍部分を検出し、その面積を測定するといった際に用いられています。領域抽出は物体検出よりも物体の場所がより詳細にわかるため、そのようなビジネスニーズがある場合には領域抽出を用います。

　画像生成に関しては最先端の技術ということもあり、実際のビジネスでの利用はまだまだこれからというフェーズです。すでに公開されているサービスでは、漫画などイラストへの自動着色サービスがあります。線でイラストを記載し、一部に着色したい色を指定するだけで、イラスト全体を自動で着色するサービスです。このほか、ビジネスニーズとしては、実在しない架空の人物画像を作成できるということから、肖像権に配慮することがないため、広告などへの利用ニーズが考えられます。

また、オークションでこの手法を用いた架空の肖像画が5,000万円近く
で落札されたことからも、芸術分野での利用も期待されます。

　少し前に元アメリカ大統領のオバマ氏らの偽動画でニュースになっ
た、Deepfakeという技術も画像生成技術のひとつです。2つの写真や動
画の一部を交換する技術で、これまでのCG技術に比べて簡単に偽動画
を作ることができてしまいます。

　SNSなどインターネット上のサービスには日々たくさんの画像や動
画がアップロードされるようになり、これらの鮮度の高い情報は非常に
意味があるものであり、報道機関もSNSから情報を得ることが増えつ
つあります。しかし、SNSの情報の中には、Deepfakeなどの技術を利
用して、意図的に操作された情報が混ぜられている可能性もあり、ビジ
ネス観点ではそれらの情報の真贋の見極めが急務になってきています。

　そのため、動画がDeepfakeなどによって加工されているかの判断を
可能にするAIの開発も進みつつあります。

■ 3　取り組みやすい画像分析のテーマ

　ここまで複数の画像分析に関するケースを説明してきましたが、多く
の企業が最初に取り組む画像解析は分類や回帰でしょう。利用シーンを
想像しやすいということもありますが、分類と回帰は他のDeep
Learningの画像解析に比べて研究の歴史も深く、先端技術ではあるもの
の、必要な手法が整理されつつあることから、多くの企業でPoCに取
り組んだり、先進的な企業ではすでに業務利用されている領域です。

　また、分類と回帰は他の画像解析のテーマに比べてデータの準備が容
易であるということも特徴です。物体検出や領域抽出を行う際には、物
体のラベルに加えて、その位置や領域も準備することになります。近年
ではアノテーションを効率よく行うためのツールが整備されつつありま
すが、それでも最後は人が物体をアノテーションする必要があります。
領域抽出であれば、対象物体を囲うようにその周囲をクリックしていく
ことになり、作業者にとってはかなりの負担になります。

　初めてDeep Learningに取り組む場合には、開発の負荷が小さく、精

度もある程度期待できる分類や回帰からはじめることをお勧めします。分類・回帰から業務へのAI導入を始めていき、会社全体でAIに対する理解が深まった際に、さらに先進的な画像解析分野に取り組んでいくことで、スムーズにAI先進企業へと移行していくことが可能になるでしょう。

6-4 / 画像以外の解析領域について

■ 1 Deep Learningの画像以外への適用

Deep Learningが入力データから出力データまでエンドツーエンドでカバーし、特徴量抽出が自動的に行われているということは精度向上以外に、画像以外の他分野への普及という点でも有利に働きました。Deep Learningは画像分野で注目を得た後、瞬く間に他分野への普及が進みました。

ニュースになったような話題であれば、将棋や囲碁でDeep Learningモデルがプロに勝利するというものがありますし、音声認識や機械翻訳の精度改善にもDeep Learningが役立っています。従来型の開発ではその分野の業務知識がある程度必要であり、それをもとにモデルを開発していました。

例えば、これまでは画像認識や音声認識にはそれぞれ特有の前処理があったので、画像処理を行っていた技術者が音声処理も担うということは、ハードルが高いことでした。しかし、Deep Learningではそのまま入力情報として扱えるため、これまでの分野ごとの特徴量エンジニアリングはネットワーク設計に置き換わりました。そのため、ネットワークの組み方を習得していれば、少しの業務知識を学ぶだけで他分野の問題も取り扱うことができます。

■ 2 テキスト解析のビジネス利用

ビジネス分野での画像以外の解析対象にはテキスト、時系列データ、音声、動画などがあります。テキスト解析についてはすでに我々の生活の中でその技術が多く利用されています。例えばウェブページなどの検索エンジンや、パソコンやスマートフォンのかな漢字変換、機械翻訳などもその一つです。

スマートフォンやスマートスピーカーの音声アシスタントも音声をテ

図表6-13　身の周りのテキスト解析の例

かな漢字変換

	研修
1	研修
2	検収
3	賢秀
4	献酬
5	兼修
6	検修
7	健秀
8	憲周
9	憲秀

・かなで入力された単語や文を適切に漢字交じりの文に変換する技術

・MS-IME、ATOK、Google日本語入力などのツールがある

機械翻訳

・異なる言語を同じ意味になるように変換する技術

・Google翻訳など、無料で使えるツールも身近に多く普及

検索エンジン

・入力されたクエリのキーワードが含まれる文書を検索し、取り出す技術

・Google、Bing、Yahoo等、様々な検索エンジンがある

対話システム

「Hey Siri、スピーカーをオンにしてお母さんに電話をかけて」

・音声を認識し、テキスト化した上で、構文解析、意味理解などのテキスト解析を活用

・Apple Siri、Google Homeなど各社ソリューションを開発・販売

キストに変換した後に、テキスト解析が行われています。まずはこれら身近になったテキスト解析が実ビジネスでどのように利用されているかを説明します。これまでと同様にデータがあるところでしか利用できないため、ユースケースとしては限られますが、SNSのテキスト解析やコールセンターの品質向上、電子カルテの解析などで用いられています。

　SNSデータは比較的簡単に多くのデータを収集できることから、テキスト解析に適しているともいえます。SNSには不特定多数の人がコメントを投稿するため、自社製品に関する投稿を抽出し、満足度を測定したり、クレームが発生していないかということをモニタリングしたりすることで、マーケティング観点での利用が可能です。

　SNSデータ分析は、近年では地方自治体の訪日外国人向けの観光PR政策立案にも用いられています。訪日外国人が増加傾向にある中で、地方の観光都市にも訪日外国人が多く訪れるようになりました。しかし、言葉の壁や文化の違いで彼らが何に満足し、何に不満を感じているのか

を理解しづらいという課題がありました。そこで、SNSに寄せられたコメントをテキスト解析することで、人気の高い観光地や満足度の高い観光地を国籍別に明らかにし、観光PR政策立案に利用しています。

テキスト解析を利用することで政策立案者が大量の原文（外国語）を読むことなく全容を理解することができます。また、言語マスタを変えることで簡単に多言語対応ができることも、ポイントです。

コールセンター業務でもテキストに変換された顧客との会話（Voice of Customer）が大量に保存されています。これらはサービス改善やマーケティング戦略立案にとって宝の山でもあります。テキスト解析でどのような問い合わせが多いのかということを定量的に把握することで、顧客へのサポートを見直すこともできますし、問い合わせ内容の変遷を把握することで、今起こっている課題を速やかにとらえることもできます。

また、コールセンター業務ではコミュニケータ間の時間当たりの対応件数や顧客満足度の差がよく課題に挙がります。それぞれのコミュニケータが顧客対応中に用いた単語やその頻度などを解析し、よりよい顧客対応を分析しコミュニケータ間で共有することで、コールセンター全体の品質向上が可能になります。

上で述べた2つのユースケースはデータ分析の事例でしたが、テキスト解析ではこの他に**AI-OCR**や**チャットボット**など、すでにサービス化されているものもあります。

AI-OCRとはDeep Learningなどの最新技術を用いることで従来のOCRと比較して大幅に認識精度が向上したサービスです。従来のOCRが不得意であった、手書き文字の認識や読み込み位置のずれ、非定型フォーマットへの対応が可能になり、業務利用可能なケースが増えたこともあり、注目されているサービスです。特にRPA（Robotics Process Automation）と組み合わせることで既存業務での活用が進んでいます。

チャットボットは近年新しい顧客接点として積極的に活用を進める企業が増えてきています。人の発話やテキスト入力での問いかけに対して、意図を理解し、それに対する適切な回答をするAIコミュニケーションツールを総じてチャットボットと呼びます。チャットボットのビジ

ネス利活用の多くは、ヘルプデスク業務や問い合わせ業務です。

　チャットボットの導入には企業側とユーザー側のそれぞれにメリットがあります。

　企業側としては、これまでオペレータが対応していた業務をチャットボットが代わることで工数削減が可能になります。さらには浮いた工数をより複雑な対応業務やイノベーティブな業務に再分配することで、人と機械の協働によりさらなる業務効率化・顧客満足度の向上を目指せます。

　ユーザー側の視点では、チャットボットにより24時間365日いつでも対応してくれることや、オペレータを待つことなく速やかに対応してくれるという点でメリットがあります。

■ 3　その他の分析のビジネス利用

　ここまでテキスト解析のユースケースを説明してきましたが、画像やテキスト以外に時系列データや動画の解析も増えつつあります。時系列データで多いユースケースは、センサーデータをもとにした異常検知や予兆保全があります。異常検知は故障が発生したことを検知することであり、予兆保全は故障や劣化の兆候を検知することです。動画データの分析ではフレームごとに動画を分解して、1枚1枚に対して画像解析を行っているケースが多いです。動画そのものを分析するケースとしては、映画やインターネットの動画サイトの動画から、最もアクションが多いシーンや目立つシーンなど、その動画を象徴するサムネイル画像[*17]を生成するなどの事例があります。

　このほかにはニュースで注目を浴びている将棋や囲碁のAIには**強化学習**という手法が用いられています。Deep Learningを含むこれまでの機械学習は、事前に入力データと出力データのセットが準備されていて、それらを結びつけるルールをデータから学習していました。それに対して強化学習は、環境とその中で得られる報酬を準備し、モデルはその環境の中で試行錯誤を繰り返し、報酬を最大化する行動ルールを学習します。環境とは将棋や囲碁であればゲームのルールですし、ロボット

制御であれば現実世界の空間です。飛行機や自動車の自動運転などで現実世界での試行錯誤が困難な場合には、シミュレータが用いられることもあります。報酬はそれぞれのケースで「良いこと」を人が事前に定義します。将棋や囲碁であれば、打ち手の良し悪しですし、自動運転であれば安全に停止できる車間距離かどうかや、不必要な加減速がないかなどです。強化学習の最大の特徴は、向かうべき方向はわかっているものの、どのようにすればよいかがわかっていない状況において、試行錯誤を繰り返すことで最適な行動原理を見つけ出すところです。

　ビジネスシーンでの活用例ではデータセンターの空調効率向上や広告出稿の最適化などがあります。実際に強化学習を利用するには、環境をデジタルで再現し、シミュレーションできるか否かがポイントになってきます。今後、世の中のデジタル化やIoT技術が普及すれば、強化学習のビジネス利活用がさらに増えてくることでしょう。

6-5 / 開発ツールについて

　これまで述べてきた最新技術を利用する場合には、どのようなツールを用いればよいのでしょうか。この節では開発ツールについて、解説します。

■ 1　目的に合ったツールやサービスの選択

　Deep Learning などの最新技術の導入については、ハードルが高いように感じられるかもしれませんが、スマートスピーカーやチャットボットなどすでに世の中に普及している製品やサービスは多くあります。これ　ら　は **API**（Application Programming Interface）　や　**SDK**（Software Development Kit）などの開発環境が整備されていたり、ソリューション化されたサービスが供給されており、機械学習の専門的な技術に詳しくなくても、比較的簡単に導入ができます。そのような状況だからこそ、Deep Learning などの最新技術に対しては、**自身が技術を使って何をしたいのかということを一度整理すること**をお勧めします。

　例えば自社の業務に最新技術を取り入れて業務効率の改善を行ったり、自社サービスに付加価値を付け他社と差別化したいといった技術による効果を創出する目的の場合には、必ずしも Deep Learning を一から実装する技術を身に付ける必要はなく、これらの技術が組み込まれた使いやすいソリューションがあれば、それを利用することが最も効率的です。

　一方で最新技術を学んでスキルアップしたい方や最新技術そのものを事業として起こしたいという方は、もっと低いレイヤーのプログラム言語やフレームワークから勉強をしていく必要があります。

　図表6-14は Deep Learning など最新 AI 技術の開発レイヤーを理論やアルゴリズムに近いレイヤーからより実用的なレイヤーへと整理をしたものです。下のほうにあれば自由度が高く、いろいろなことができる半面、ほとんど自らで作成する必要があります。反対に上のほうにあるも

図表6-14　Deep Learningなど最新技術を用いたサービスの開発レイヤー

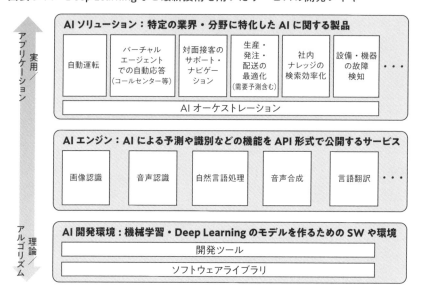

のは、サービス化されていて簡単に導入できる半面、自由度が限られるようなものです。

　基本的には高レイヤーにあるAIソリューションも、その内側ではソフトウェアライブラリを用いてプログラミングされているものです。ただ利用者側からするとそのことを意識することなくサービスが利用できるような作りになっています。例えば多くの企業がサービスを展開している外観検査の自動化であれば、多くの場合にはソフトウェア画面上に検査画像の正常製品画像と異常製品画像をアップロードするだけでモデルを作成することができ、簡単に検査装置に組み込むことができるような作りになっています。実際の現場ではNG品が発生する頻度が少なく、画像を収集することが困難な場合もありますから、外観検査ソリューションの中には、正常製品画像だけで検査モデルを作るソリューションもあります。

　このようにAIソリューションのレイヤーにある多くのサービスは、特定のユースケースに特化したソリューションを提供しており、使い方

もソフトウェアやAPIを利用することで、機械学習に詳しくない方でも利用できるようなサービスになっています。自社にデータサイエンティストやAIエンジニアが十分にいないような場合でも、ユースケースとして一致するようなソリューションがあった場合には、それを利用することで簡単にAIを業務に利用することができます。

■ 2　AIエンジンの注意点

　社内にエンジニアがいる場合には、**AIエンジン**を利用してAIサービスを自社で開発することも可能です。一般的な画像認識や音声認識などの学習済みモデルが、API形式でウェブ上に公開されています。例えば物体認識のAIエンジンであれば、API経由で画像データをアップロードすると、その画像に写る物体を検出して応答を返してくれます。

　ゼロからこういったAIエンジンを作ろうとすると、大量のデータセットと計算資源が必要になり、自社開発することはかなりハードルが高くなります。一般的な画像・音声認識や変換については、こういったAIエンジンを利用することをお勧めします。

　ただし、AIエンジンの多くはAPI経由での利用ですから、インター

図表6-15　AIエンジンの代表的プレイヤー

企業		Amazon	Google	Microsoft	IBM
クラウドサービス名		Amazon Web Services (AWS)	Google Cloud Platform (GCP)	Azure	IBM Cloud
AIサービス名		—	—	Azure Cognitive Services	Watson
AIエンジン名	画像認識	Rekognition	Vision AI	Computer Vision	Vision Recognition
	音声認識	Transcribe	Speech-to-Text	Speech to Text	Speech to Text
	自然言語処理	Comprehend	Cloud Natural Language	Text Analytics	Natural Language Understanding
	音声合成	Polly	Text-to-Speech	Text to Speech	Text to Speech
	言語翻訳	Translate	Cloud Translation	Translator	Language Translator
	チャットボット	Lex	Dialogflow	Language Understanding	Assistant

ネット環境がある状況下の利用が前提になります。また、精度を把握しづらく、どのベンダーのサービスを利用するのがよいかが検討しづらいという問題もあります。

　利用するAIエンジンの選定は、実際に想定される画像や音声のデータを用いて検証するしか方法がありません。AIエンジンによって準備されているカテゴリマスタも異なるため、返ってくる結果もAIエンジンによって様々です。複数のAIエンジンを検証して、利用シーンにあったものを選択する必要があります。

　さらに、AIエンジンは物体認識や音声認識、言語翻訳など汎用的な問題の学習済みモデルを利用するサービスで、カスタマイズには限界があるので、自社商品の認識など特化した問題を解くことは一般的には困難です。近年ではAmazonが既存の物体認識のエンジンに分類ラベルを追加できる機能をリリースしましたが、基本的には特化した問題を解く場合には、AI開発環境を用いて自ら開発を行うことになります。

■ 3　AIオーケストレーション

　AIソリューションやAIエンジンは導入が簡単な一方で、ユースケースが特定されていたり、カスタマイズ性が低かったり、ソリューションの開発ベンダーへの依存、いわゆるベンダーロックインが発生しやすいなどの欠点があります。特にAIの業界は日進月歩で変化するため、現時点で最も高精度であるサービスが来年もその位置にいるかどうかがわからない世界です。そのため、特定のベンダーのサービスに自社のサービスや業務が依存しているという状態は将来的なリスクが高い状態といえます。

　そこで各社のAIエンジンとそれを統率するフレームワークをセットにした**AIオーケストレーション**というソリューションが登場しています。アクセンチュアの**AI Hubプラットフォーム**はこの考えのもとで作られたサービスで、AI Hubプラットフォームを介してAIエンジンとユーザーや業務システムとのやり取りを行います。

　AI Hubプラットフォーム上では既存システムからデータを取得する

などの業務プロセス上必要な制御や、将来的にAIをアップデートすることを想定したデータ蓄積などが行われるため、既存のAIソリューションにはない、きめ細かな対応が可能になります。また、AIエンジンとの間にAI Hubプラットフォームが入ることで、音声認識と画像認識で別ベンダーのAIエンジンを使うなどの複数AIエンジンの使用が可能になり、さらに、一度選択したAIエンジンから他のAIエンジンへの切り替えが容易になり、その時々でベストのAIエンジンを利用することができます。このようなフレームワークを利用することで、ゼロからAIサービスを構築する場合と比べて素早くサービス開発ができ、開発後もAIサービスを継続的に進化させることができます。

■ 4　自らAIモデルを開発

　自らAIモデルを開発する際には、開発ツールを利用する方法と、ソフトウェアライブラリを利用する方法があります。開発ツールには、機械学習の専門知識がなくともデータを準備すれば簡単にモデル開発ができるものと、開発者向けにモデル開発を効率的に行うために周辺環境を整備したものがあります。

　データを準備するだけでモデル開発ができるツールにはGoogleのCloud AutoML、AmazonのPersonalizeやForecastなどがあります。これらのサービスは事業者が開発したアルゴリズムを利用してモデル開発を行うものです。モデル開発といってもユーザーが行うことは、データを準備してクラウド上にアップロードし、ダッシュボードを操作して学習指示を出し、学習が完了した際に精度結果を確認する程度です。作成されたモデルはAPIとして利用することが可能ですので、モデル運用の負荷もほとんどありません。実際のモデルを作成する過程はサービス側で自動的に行うため、機械学習の開発スキルの低いユーザーでも簡単に独自モデルの開発が可能になります。

　このような自動的にモデルを作成するサービスは、精度が低かった場合の改善が図りづらいという欠点があるので注意が必要です。とはいえ、ステークホルダーなどに機械学習でできることをクイックに理解し

てもらうためのモックを作る場合など、立ち上げのスピード感を重視する場合などには有用なツールです。

　実際に自ら手を動かしモデルを作る場合には、ソフトウェアライブラリを利用します。これは、RやPythonといったプログラミング言語の上で、機械学習専用のライブラリを利用するということです。第4章で説明した構造化データに対する機械学習ではRもPythonも類似のライブラリが存在していますが、Deep LeaningについてはPythonがほぼデファクトスタンダードになりつつあります。

Pythonの上で利用するDeep Learningのフレームワークは各社がリリースしており乱立している状態です。メジャーなものですと、TensorFlow（Googleが開発）やPyTorch（Facebookが開発）などがあり、日本発ではChainer（Preferred Networksが開発）＊18やNNabla（Sonyが開発）などがあります。

　Deep Learningのフレームワーク自体はすでに技術が成熟したもので、フレームワーク間の違いは大差がないものです。実装の細かな仕様は違うものの、ネットワークを作るための関数やパラメータの更新のための最適化アルゴリズムなどは、どのフレームワークでも同様のものが実装されています。利用するフレームワークを選択する際には、公式のサンプルやドキュメント、学習済みモデルなどの充実度や、最新の論文のネットワークが実装されるまでのスピード感など、どの程度フレームワークの開発活動が活発かということが重要な観点になってきます。特に学習済みモデルは転移学習を行う上では必須になるものですので、開発しようとしているモデルの学習済みモデルが配布されているかどうかは事前に調べた方がよいでしょう。

　乱立するフレームワークへの対応策として、**ONNX**（Open Neural Network eXchange）というフレームワーク間でモデルを交換するための共通フォーマットがあります。Facebook、Amazon、Microsoftなどが中心に開発を行っており、多くのフレームワークが対応をしています。近年では制御や組み込みなどの分野でもAIモデルの利用が広がり、学習時の環境と推論時の環境が違うことが増えてきました。学習時はクラウ

ド上の豊富な計算資源を利用し、推論時にはインターネット環境の整備
やレイテンシーの問題からローカルの端末で実行するということがあり
ます。さらに NVIDIA TensorRT や Intel の OpenVINO、Apple の Core
ML などエッジ端末での機械学習実行に特化したライブラリが登場し、
ONNX の役割はより大きなものになってきました。

■ 5　Deep Learning開発時の注意点

　Deep Learning を開発する場合には通常のプログラム開発と異なる点
があります。1つ目は学習環境としてGPUを搭載した高スペックなコ
ンピュータが必要だということです。GPU は高価な割に技術革新のス
ピードが速いため、高頻度でGPUを利用する場合を除いては、オンプ
レで調達するよりもクラウドサービスで最新のGPUマシンを従量課金
で利用したほうが費用が安く抑えられることが多いです。2つ目はソー
スコードだけでなく、学習データも管理する必要があるということで
す。モデルの精度と学習データは密な関係にあるため、必ずセットで管
理する必要があります。

　これらの課題に対して、クラウドでは機械学習のマネージドサービス
として Google の AI Platform や Amazon の SageMaker などが提供されて
います。これらはデータの管理や学習のためのインスタンス管理、作成
したモデルのデプロイ管理など AI開発からサービス化までをエンドツ
ーエンドでサポートしてくれるものです。

　実際のAI開発では、事業者が提供しているアルゴリズムを利用する
こともできれば、自らコーディングして作成することもできます。プロ
ジェクト規模が大きく複数人が同時に開発を行う場合などは、データや
モデル、インスタンスなどを一元管理するためにこういったツールを事
前に利用しておくことは、プロジェクトマネジメントの観点からも有用
なことです。

■ 6　開発は手段であって目的ではない

　ここまで、サービスとしてソリューション化された上位レイヤーか

ら、自身で開発を行う下位レイヤーまで様々な開発ツールを紹介してき
ました。自身やメンバーの開発スキルやプロジェクトの状況（開発スケ
ジュールや目的など）を踏まえて、どのレイヤーのツールを利用するのか
を考えることは、非常に重要です。

　特にソフトウェアライブラリを使って自ら開発できる人は、既存のソ
リューションでどのようなことができるのかを知っておく必要がありま
す。自分で開発できるがゆえに、ソリューション利用という選択を取り
づらいとは思いますが、ビジネス観点ではAIモデル開発はあくまで手
段であって、目的ではありません。ソリューション・サービス利用で解
決できる案件はそれを最大限に活用し、機械学習スキルを保有するメン
バーは独自開発が必要な案件に注力することで、会社として多くのAI
案件を取り扱うことができるようになるでしょう。

　今、AIに関しては世界各所で爆発的な投資が行われており、まさに
「AI実装の時代」です。これまで紹介してきたように最近では学術的裏
付けと実績があり、低コストで実装できるツールが多く登場していま
す。オープンソース、API、スタートアップを含むAIベンダーなど、
企業がAIを導入するために必要な手段として、多彩かつ柔軟な方法が
整備されつつあります。AIが市場のメインストリームとなることで、
ソリューション価格はますます低下するでしょう。

　既存のAIソリューションやAIエンジンを導入することができるケー
スも多いため、新たに独自技術の開発を検討する前に、まずは入手可能
な技術を活用して迅速にAIの本格導入を進めるべきです。既存のAIサー
ビスを利用するか、あるいは独自開発を行うかを判断するには様々な
要素を考慮する必要があります。しかし、多くの場合において、他の企
業がすでに投資を行った成果である既存のAIサービスによる実装が、
スピーディーにAIの本格導入を推進するために有効であることは確か
です。

第 7 章

ビジネス活用時に
ぶつかりやすい壁

第1章から第4章および第6章では、AI・データサイエンスの基礎から実際のビジネスシーンでの注意点に触れました。また、第5章ではPythonを用いた演習も踏まえて、よりビジネスの現場でのデータ分析の雰囲気をつかめたのではないかと思います。

とはいえ、これまでの章はあくまでAI・データサイエンスの中身に注力したものでした。実際のビジネスの現場では、どれだけ高精度の分析を実現しても、取り組み自体が先に進まないことがあります。本章では、そのようなビジネス活用の上で起こる様々な課題について、筆者らの経験も鑑みながら、打開の糸口を提示します。

7-1 ／ ビジネスを進める上で どのような壁があるのか？

　筆者らがビジネスの現場でAI・データサイエンスの領域についてコンサルティングを行う際、AI・データサイエンスの専門部署のみでクライアントを支援することは非常に稀です。もちろん取り組みのスコープが、データ分析そのものだけであれば専門部署のみでの対応も可能です。しかし、本当の意味でビジネス活用を目指すのであれば、分析の結果をビジネスの現場で具体的にどうやって使うのかというビジネスプロセスの設計や、サステナブルな仕組みとしてどのようにシステム化し運用していくのかといった中長期の視点も含め、ビジネスやシステムなど様々な専門家の視点が必要になります。そのため、ビジネスの専門家、システムの専門家、AI・データサイエンスの専門家、とチームでコンサルティングを行うことが多いです。

　実際の現場では、上記の通り、それぞれの分野の専門家が集い、チームとして取り組んでいくことが望ましいので、本章で示すすべてを読者の皆さんが一人で身に付け、考える必要はありません。

　図表7-1に、ビジネス活用の際にぶつかりやすい壁をピックアップしました。個別の要素については後述しますが、すでにビジネスの現場でデータ分析をされている読者の皆さんの中には思い当たるものもいくつかあるのではないでしょうか。

図表7-1　ビジネス活用時にぶつかる壁の例

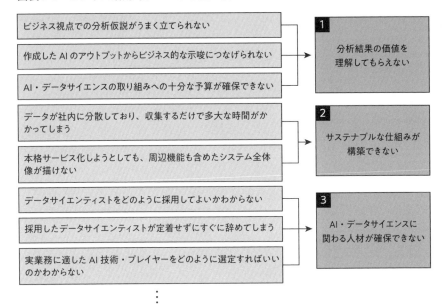

7-2 / 壁I「分析結果の価値を理解してもらえない」

　直面しやすい課題の1つ目は「分析結果の価値を理解してもらえない」という点です。すでにAI・データサイエンス部署を持つ日本企業においても、こういった状況は散見されます。データサイエンティストが非常に面白く価値のある結果だと感じて、上司やマネジメント層の人間に報告に行っても、「何が面白いかわからない」「言っている意味がわからない」「そのような分析結果は信用できない」といったマイナス方向のフィードバックをもらってしまい、データサイエンティストは「自分のやっていることはこの会社では理解されない」と考え、辞めてしまう。そんな悲しい負のスパイラルを目撃します。

　では、なぜ上記のような意識のずれが生まれてしまうのか、どうすればそれを解決できるのかを考えてみましょう。

■ 1　データサイエンティストとの共通言語を学ぶ

　データサイエンティスト自身が、いかにマネジメント層にとって理解しやすいような説明を心がけるか、これももちろん重要ですが、一方でマネジメント層側もデータサイエンティストが何を言っているかを理解しようとする歩み寄りが必要です。

　日本企業の一部のマネジメント層では、いまだにAIとは何かよくわかっていないまま、むやみに取り組みを進めようとしていることがあります。「他社もやってるから自社もやらないと置いていかれる」「よくわからないけれど、AIに任せれば何かできるだろう」、そういったマネジメント層の不確かな戦略・指示のもと、途方に暮れてしまった現場責任者からの相談をよく受けます。まずはこの点を変えなければなりません。

　実際、マネジメント層自身がAI・データサイエンスの現場で手を動かすことはありませんので、具体的なコーディングや分析手法の数学的・統計的な成り立ちを理解する必要はありません。しかし、AI・デ

ータサイエンスでどこまでは実現できて、どこからは実現が難しいのか。成否を分けるポイントは何なのか。最終的なビジネスのGo/No Goを判断するための基礎知識や専門用語は、これからのAI社会では必要不可欠なマネジメント層のスキルの一つになるはずです。

　近年では、マネジメント層向けに特化したAI・データサイエンスの講義・短期プログラムも多く提供されています。筆者らのクライアントの中にも、現場のデータサイエンティスト向けのトレーニングプログラムだけでなく、ビジネス部門側のトレーニングプログラムを希望されるお客様も多く出てきています。後者の目的はデータサイエンティストとの共通言語をビジネス部門のメンバーに身に着けてもらうことです。

　さらに、部門にかかわらず、新入社員には新卒研修の一部として全員にAI・データサイエンスの基礎を学ばせる企業も出てきています。

　本書自体もビジネスレイヤーの人間とデータサイエンティストが共通言語で話せることを目的のひとつとしていますので、まずは本書から多くのエッセンスを学んでいただきたいと考えています。

■ 2　Explainable AI（説明可能なAI）の重要性

　第4章でも触れた通り、近年は機械学習が活用の幅を広げています。OSSの発展に伴い、機械学習のライブラリも世界中で活用が進み、多くのデータサイエンティストが特に苦労することもなく、自由に機械学習の手法を呼び出せる現在の環境は非常に魅力的です。

　しかし、その容易さゆえに、ライブラリを呼び出して分析を実行し、精度が高いからこれでOK、というデータサイエンティストが増えているのも事実です。

　得られた分析結果（重要な特徴量）やそこから得られるビジネス示唆を読み解こうとしなければ、マネジメント層などのビジネスレイヤーの人間に理解されなくてもそれは当然です。そういった意味では、まずデータサイエンティスト自身が、しっかりと分析からビジネス示唆を出そうという意識を強く持つことが重要です。

　しかし、データサイエンティスト自身がビジネス示唆を意識している

場合でも、分析結果の読み解き自体が非常に難しいことも多々あります。特に、第6章で紹介したDeep Learning（深層学習）では、一般的には各特徴量の詳細な関係性はブラックボックス化され確認できません。

そこで近年注目されているのが、Explainable AI（説明可能なAI）です。意味は名前の通り、人間にとって理解可能なアウトプットを提示してくれるAIを指します。金融や医療など、AI活用が望まれるものの人間が最終的な判断を下すことが想定される分野では、人間にとって理解可能な解釈性の高いAIが必要です。Googleはもちろん、国内でも日立や富士通といった大手企業が次々とExplainable AIの開発に関する発表を行っています。

第4章で紹介した「SHAP」や第6章で紹介した「Grad-CAM」もExplainable AIを実現するための指標の一つです。「SHAP」以外にも、

図表7-2　代表的なAI解釈の指標

指標名	指標の概要	イメージ
LIME (**L**ocal **I**nterpretable **M**odel-agnostic **E**xplainations)	✓機械学習全般で用いられる解釈の指標で、複雑なモデルを単純な線形回帰で近似することで解釈性の向上を目指す指標 ✓モデル全体を近似することは困難なため、対象サンプル付近の局所的なデータ範囲での近似しかできないことに注意が必要	
SHAP (**Sha**pley **A**dditive ex**P**lanations)	✓ゲーム理論におけるShapley値を利用して各特徴量の寄与度を説明しようとする解釈指標 ✓特徴量の寄与度合の類似性によってサンプルを並び替えたり、クラスタリングして出力することが可能で、構造データでは最も使い勝手がいい指標といえる	
Grad-CAM (**Grad**ient-weighted **C**lass **A**ctivation **M**apping)	✓主にCNN等での画像解析において解釈の可視化によく用いられる指標でAIが分類のために重視している画像範囲をヒートマップで示してくれる ✓GuidedBackPropagationという技術と組み合わせ、より詳細に特徴量を理解しやすいように改良したGuided Grad-CAMも使用される	 ※犬を画像認識する場合

「LIME」「Anchors」など多くの指標が提唱されています。

　本書ではそれぞれの解説は割愛させていただきますが、読者の皆さんもご自身で最新の指標をぜひ学んでみてください。

■ 3　生データを眺めることも時には重要

　データサイエンティストは、プログラミングができてしまうがゆえに、最初から集計・分析に取り組んでしまい、そこから得られた結果だけを見てしまうことがあります。しかし、実は生データこそがビジネス示唆の宝庫であるケースも多いといえます。

　筆者自身も、コンビニの売上実績をもとに顧客のタイプ別アプローチを分析する際に、1年間分の顧客の毎日の買い物を眺めるだけでもいろいろな仮説が立てられた経験があります。毎朝来店してたばこと缶コーヒーだけを買っていく顧客、平日夜だけ駅前の店舗で弁当を買って帰るサラリーマン、ランチ後の時間にチルド菓子や個包装のお菓子を買って帰るOLなど、明確な顧客のペルソナが読み解けることも頻繁にあり、これをもとに分析仮説を設計し、実行した分析から得られる結果は、よりシャープで、ビジネスレイヤーの人間にも理解しやすく意外性のあるものが得られやすいといえます。

　いわゆる「Wow」（≒意外性）のある分析結果が、マネジメント層の求めるありがちなニーズですが、一方でWowな結果を報告すると、皮肉なことに「そんなわけない」と叱られたりもします。そのような際にも、生データに誰よりも詳しいというのは武器になります。

　日々、データを眺めていれば、意外性のある事例であっても、一度は具体例を目にします。そのため、報告の際に、具体例もあわせて資料として準備することができ、マネジメント層にも具体性と納得感をもって報告を聞いてもらえます。

　最短経路でモデリングに取り組むよりも、生データを眺める時間をしっかり取り、誰よりも生データに詳しくなることが、最終的には効率的な分析につながる場合も多々あります。「データ理解・可視化なんて」とばかにせず、基本を忘れないようにしましょう。

分析結果を理解してもらえない、という課題に対して、3つのアプローチがあることがわかりました。これらを再度整理してみると、「マネジメント層がよりデータサイエンティストの語る内容を理解しようとすること」「データサイエンティストがよりAIを読み解くこと」「データサイエンティストがより分析結果をわかりやすく伝えること」の3つに置き換えることができるとわかります。

　AIとデータサイエンティスト、マネジメント層とデータサイエンティスト、それぞれの関係性において、両者がよりお互いを理解するための努力をすることが課題解決のはじめの一歩になるでしょう。

図表7-3　分析結果を理解してもらうためのポイント

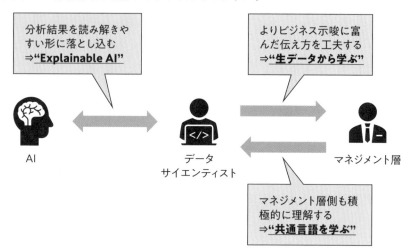

7-3 / 壁Ⅱ「サステナブルな 仕組みが構築できない」

　2つ目の壁は「サステナブルな仕組みが構築できない」という点です。AI・データサイエンスも近年では、ビジネスシーンでかなりの市民権を得て、ニュースでもその単語を見ない日はないほどです。

　しかし、一方でよくよくそれらのニュースを読んでみると、そのほとんどはPoCや実証実験といったレベルに留まり、実サービスまではたどり着いていません。これがなぜかを考えてみると、PoCで小規模にモデリングを実行し価値を生み出すことができても、それを大規模な仕組み・システムとして整え、安定的に運用できるレベルまで作り上げられる企業が少ないからだということが想像できます。

　それでは、多くの日本企業は、具体的にどのような点を課題として捉え、本格的なビジネス展開の障壁と感じているのかを確認していきましょう。

■ 1　データサプライチェーン

　PoCや実証実験といった小規模な取り組みと本格展開の違いは様々なところにあります。取り扱うデータ量の違いに応じたデータ処理基盤など、そもそもの部分ももちろん異なりますが、データの種類の豊富さも大きな違いの一つです。

　つまり、PoC段階で対象としたデータセットには含まれていなかったような多種多様な正解データが本格展開時には対象に含まれることがあります。実際には、その種別ごとにモデルを複数作り分けたり、カバーできる正解データのパターンを増やすためにモデルやパラメータを改善しますが、いずれにしても種別ごとの正解データについて十分な数をうまくデータベースに蓄積していく必要があります。

　また、現代のAIサービス開発では、データが十分に蓄積されていない状況からモデル構築を行い、データの蓄積に合わせて、順次モデルを高度化させていくことも意識しなければなりません。

上記のいずれにおいても、正解データのパターン整理とそれらをバランスよく収集・蓄積していくような**データサプライチェーンの整備**が必要です。パターン別に具体的にどのようなプロセスで収集し、その後の加工・蓄積の方法だけでなく、データの削除やアーカイブの方法・タイミングまで含めて、一連のルールを定義していくことになります。

　当然ですが、データサプライチェーンを考えなければならないのは正解データだけではありません。インプットとなる特徴量側も同じように、その管理の重要性が増しています。PoCなどの小規模な取り組みの段階では、自社にすでに蓄積されているデータのみを使用してモデリングを行うことが多いですが、本格展開時には自社内データに加え、外部データの活用も意識していきます。

　例えば、自動車事故を予測するような取り組みであれば、自動車関連の自社データに加え、天候データ（雨や雪で路面が滑る際には事故が起きやすいのではないか？）、路面情報（傾斜が急なカーブのほうが事故が起きやすいのではないか？）、人口動態（日中人通りが多い商店街付近では事故が起きやすいのではないか？）など、活用できそうなデータは多岐にわたります。それらのデータについて、どの会社（または機関・団体など）が提供しており、自社が推進する取り組みに最も適しているのはどのデータなのかを見極め、自動で収集・蓄積する仕組みを整備していくこともデータサプライチェーンの重要な側面です。

　また、モデルの精度を維持していくために、「データの鮮度」も常に意識しなければなりません。そもそも、鮮度の低い（＝古い）データを用いて作成した分析モデルが、現在のビジネスにおいて有効に働かないであろうことは容易に想像できると思います。加えて、作成段階では最新のデータを使った分析モデルであっても、時間経過とともに顧客の購買動向などが変化することによって、モデル自体が陳腐化してしまうことがあります。鮮度の高いデータを常に分析環境に供給し続け、分析モデルの評価・高度化のプロセスを担保する意味でも、データサプライチェーンは非常に重要な役割を果たしています。

　日本では、まだまだ重要性が認められ始めたばかりの段階ですが、欧

米各国ではすでにデータサプライチェーンを統べるDSO（データサプラ
イチェーンオフィサー）という職も登場しています。今後、日本でもその
重要性は増していくと考えられます。

■ 2　Responsible AI（責任あるAI）

　到来するAI社会において、どこまでAIにビジネスの判断を任せてよ
いのでしょうか。これも我々が考えていかなければならない課題の一つ
です。

　例えば、自動運転が完全に実用化された未来を考えてみましょう。自
動運転の世界になっても完全に事故をなくすことは難しいと考えられま
す。

　自身の車が前を走る車両に追突しそうな場面をイメージしてくださ
い。このままでは自車のドライバーは死んでしまう。対抗車線に車を移
動させれば自車のドライバーは助かりそうだが、対向車線を走る車両に
衝突し、そちらのドライバーは死んでしまう、といった状況があったと
したら、どう考えればよいでしょうか。

　AIは、自車ドライバーの命をあきらめることと、対向車線のドライ
バーの命をあきらめることのどちらを選択すべきなのでしょうか。これ
は、AIとしての仕組みや精度の問題ではなく、人間が定めるべき倫理
的な問題だといえます。

　上記以外にも、個人のデータプライバシーや民族・文化の根底にある
潜在的なバイアスを含め、AIがとる判断にどのようにして責任を持っ
ていくのかについて議論されているのが、「**Responsible AI（責任ある
AI）**」という問題です。

　AIはある意味で素直な存在で、人間が与えたデータに基づいて、正
しく分析を実行しようとします。しかし、人間が与えたデータに間違い
やバイアス（≒偏り）があったり、人間が定義した目指すべきゴールが
間違っていれば、その誤りを前提とした分析しかできません。場合によ
っては、その潜在的なバイアスなどをより増幅してしまう可能性すらあ
ります。

図表7-4　データの信憑性欠如による問題の例

#	事例	企業	概要
1	データの更新不足によるモデル精度の低下	ユナイテッド航空	✓ 数十年前の搭乗データをもとに作成された顧客の搭乗傾向に基づくプライシングモデルを利用し続けていたことで、年間10億ドルの機会損失が発生していた ✓ 不正確なデータに対するリスクを認識し、常に最新のデータおよびモデルにアップデートすることで上記のような事態を回避し、収益基盤を拡大した
2	AIによる採用自動化における性別のバイアス	Amazon	✓ 優秀な人材を人手を使わず探し出す仕組みを構築するために、履歴書を自動で審査するAIシステムを開発した ✓ しかし、パターンを学習させた履歴書のほとんどが男性であったことにより、AIは男性を採用することが望ましいと判定することが発覚。アルゴリズムの公平性・説明性が担保されないことから、AIシステムによる採用を打ち切った
3	AIが作り出したオバマ前大統領のフェイク動画	YouTube	✓ YouTube上で、オバマ前大統領がホワイトハウス内と思われる部屋に座って、トランプ大統領を批判・罵倒する内容のスピーチ動画が投稿された ✓ しかし、これは先述のDeepfake技術を用いた（第6章参照）フェイク動画であり、米国のコメディアンの声や口の動きに合わせて、オバマ前大統領の動画を合成したものであった

　AmazonでAIを用いて人事採用を自動化しようとした際の失敗談は有名な話です。これまで採用していた社員は男性のほうが多かったため、正解データの比率として男性が多いと判断したAIが男性を優先して採用する差別的なAIになってしまった、という事例です。

　これは、男性のほうが優秀、という意味ではなく、ただこれまでの実績として男性が多かった、という背景なのですが、AIは数字通りにとらえてしまったわけです。この場合は、人間が事前に上記のバイアスの可能性を認識し、正解データが男女で均等になるように調整する、または性別を特徴量から削除する、など工夫が必要だったといえます。

　まだまだResponsible AIは議論され始めた段階ですが、今後、各国でResponsible AIを実現するためのフレームワークの整備が進んでいくことでしょう。しかし、それらの整備を待つだけでなく、日々のビジネスの中で、読者の皆さん自身が、Responsible AIを実現するための足元の努力を怠ってはいけないことは想像に難くないでしょう。

■ 3　MLOps / AIOps

　読者の皆さんは**DevOps**という単語を聞いたことがあるかもしれません。DevOps 自体は Development と Operations からなる造語で、開発チーム（Development）と運用チーム（Operations）が協働することで、ソフトウェア・システムの開発・運用の正確性・スピードを向上させる取り組みのことをいいます。

　この DevOps の 機 械 学 習・AI 版 が **MLOps/AIOps**（Machine Learning Ops/Artificial Intelligence Ops）です。ここでは、MLOps/AIOps の重要なポイントをいくつか紹介していこうと思います。

　第 4 章でも触れた通り、AI・データサイエンスの取り組みは一度モデルを作ったらそこで終わり、というわけではありません。時間の経過とともに顧客の嗜好やマーケットのトレンドが変化するためモデルの精度が低下していき、それに対応するためにモデルを修正することもあります。その際に、機械学習チームと運用チームの中で円滑に情報のやり取りを行うのに必要な点がいくつか存在します。

　運用チームから機械学習チームに連携すべき情報は、まず第一にモデルのパフォーマンスです。機械学習チームは PoC や本格展開の開発時に自身が構築したモデルがどれだけの精度を担保できているかは把握しています。しかし、実際のサービス・システムに組み込まれた際に継続的に精度を維持できているかは把握していません。

　そのため、運用チームがビジネス的に定められた KGI（Key Goal Indicator;重要目標達成指標）、KPI（Key Performance Indicator;重要業績評価指標）に沿って、モデルの定常的なパフォーマンスを評価し、問題のある点を機械学習チームにタイムリーに連携できていれば、機械学習チームは問題点を改善する動きを取ることができます。

　そのほか、本番環境で障害が起こった際のエラーログの連携など、よりクイックに対処すべきものもありますが、MLOps/AIOps だけでなく、DevOps も含めた一般的な話のため、ここでは説明を割愛します。

　一方、機械学習チームから運用チームに連携すべき情報は、その多く

はモデルのバージョン管理情報です。一般的なシステム開発と違い、モデリングは事前に最低限の分析設計は行うものの、得られた分析結果をもとに多くのトライアル&エラーを伴う作業です。そのため、かなり多くのバージョンが作成されることになります。

　このバージョンには、PythonやRなどのコーディング自体のバージョンだけでなく、ソースコードは同じであっても用いているインプットデータが異なる場合（特徴量の種類、データ利用期間、対象データの絞り込み、等）もあり、より管理が複雑化する傾向にあります。比較的簡単に機械学習チームから運用チームへの環境移送を可能にするために、近年ではDocker等のコンテナ仮想化技術を用いることが増えています。

　また、モデルの高度化やKPIの見直し等は、その方針策定や意思決定を行う上で、通常のシステム開発よりも密にビジネス側との連携を取る必要があります。DevOpsが開発チームと運用チームの関係性を表す言葉であるのに対し、MLOps/AIOpsは機械学習チーム側にデータサイエンティストだけでなく、ビジネス上の意思決定が可能なメンバも含まれ

図表7-5　MLOps/AIOps の特徴

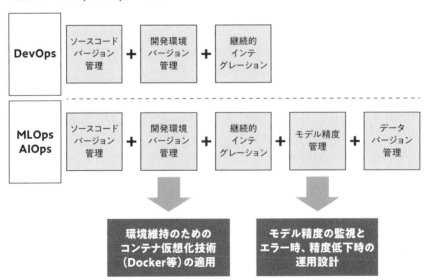

ていることも大きな違いといえます。

　PoCの段階では短期間でのクイックな環境立ち上げが求められるた
め、まずはやってみるという姿勢が大事であることは間違いないです
が、可能な限り上記のようなMLOps/AIOpsの側面をPoCの段階から
考えておくことも重要です。

7-4 / 壁Ⅲ「AI・データサイエンスに関わる人材が確保できない」

　3つ目の課題は、「AI・データサイエンスに関わる人材が確保できない」という点です。マネジメント層の理解が得られ適切な予算も確保されてリッチな分析環境が整えられていても、実際にAI・データサイエンスに関わる人材がいなければ、予算も環境も宝の持ち腐れです。

　自社のAI・データサイエンスの取り組みの中で、社内外を問わず、希少な人材を獲得するためにはどのような点に留意すべきか、実際の例も踏まえながら確認していきましょう。

■ 1　データサイエンティストが働きやすい環境作り

　現代の採用マーケットにおいて、データサイエンティストはまだまだ希少な存在だといえます。そんなデータサイエンティストたちを積極的に採用するためには、彼らにとって魅力的な環境作りを意識する必要があります。高額な報酬をフックに、データサイエンティストの採用促進をしている企業もありますが、読者の中には、自社の財政では「そのような高額報酬は用意できない…」という方も多いと思います。

　それでは、データサイエンティストは報酬以外にどのような点に惹かれるのかを考えてみましょう。筆者の経験上は、下記の3点です。

　1つ目は**「多種多様なデータに触れられる」**という点です。筆者自身も含め、多くのデータサイエンティストは、長くとも2、3年も経てば、同じデータを分析することには飽きてきます。これは何もデータサイエンスに限ったことではないと思います。営業でもシステム運用でも、同じ領域を何年も担当していると該当領域に関する知見は深まる一方で、仕事に対する新鮮味や熱意は低下していくものです。

　データサイエンスの領域においても同様のことが起こります。そのため、一定周期で分析対象のデータや領域が変わっていくようにうまくキャリアプランを計画してあげることがデータサイエンティストのモチベーションを維持する上では非常に重要です。もちろん、中には今のデー

タを引き続き触り続けたい、というメンバーもいるはずなので、日々個人個人とコミュニケーションを取りながらの判断が必要になることはいうまでもありません。

2つ目は、「**よりビジネスに近い場で自身の成果が世に出ていく様を見ることができる**」という点です。アカデミックやR&Dの場でデータサイエンスをやってきたメンバーからよく聞く話として、アカデミックについては、そもそも基礎研究の領域であれば、それはいささか仕方ないところもあるとは思いますが、自身がやってきた分析の成果が、結局、何年先に世に出ていくのかが見えずモチベーションが維持できなかったというものがあります。

R&Dなどの領域などでは、やはりビジネス部署との距離が遠く、かつ多くの場合、サービス開発の会議にすら出席しないことも多々あります。そのため、よりビジネスに近いコミュニケーションの現場にデータサイエンティストが出ていき、現実的にビジネスの動くスピードや、どういった点がビジネスサイドから求められているのかをしっかりと理解する場を用意してあげる必要があるということも理解すべきです。それによって、データサイエンティストは自身の成果がどれくらいのスパンでサービス化されるのかも自ずと理解することができます。たとえ、それが短期的に見れば無駄なコミュニケーションを増やしているように見えても、中長期での教育目線やデータサイエンティストの自社への定着を考えれば、よりよいアプローチです。

3つ目は、「**遊びの時間を与える**」ということです。文字通りの遊びという意味ではなく、知的探求の時間を与えるという意味です。AI・データサイエンスの領域はまだまだ発展途上で、ベストプラクティスと呼べるものは刻一刻と変化しており、現在最も優秀な手法が半年後にはより優秀な手法に圧倒される、ということはざらにある分野です。

データサイエンティストは最新のトレンドを仕入れるために常に外部にアンテナを張っています。しかし、日々のタスクに忙殺されると、そのアンテナから新しい情報を仕入れてくる時間が極端に減ってしまいます。データサイエンティスト自身は、最新の情報が得られないことは自

身のナレッジ・スキルの成長が阻害されることを理解しているため、将来のキャリア形成に不安を感じ、転職を考え始めてしまうこともあります。

多くの優秀なデータサイエンティストが在籍していることでも知られているGoogleでは、社員の業務時間の20％を自由な時間とすることが知られています。この20％の枠の中で、最新の手法を勉強したり、自身が開発したかった新規サービスのα版を作ってみたりと彼らの知的探求心を満たす工夫をしています。Googleのレベルで自由を与えることは、日本企業の文化や伝統的に難しいのは間違いありませんが、可能な限りの「遊びの時間」を検討してみることも重要です。

ここで挙げた例はあくまで筆者らの経験に基づくものです。本来は、自社にすでに在籍している、または自社に入社してくれそうなデータサイエンティストと密にコミュニケーションを取りながら、互いに満足できる職場環境を作っていくことが最も重要です。

■ 2　データ分析の川上・川下の人材

壁Ⅰ、Ⅱで示してきたように、ビジネスの現場ではデータサイエンティストだけがいればサービスが立ち上がるわけではありません。今後、AI・データサイエンスがビジネスの現場で活用されていくためには、次の3タイプの職種に該当するメンバーを増やしていくことが重要です。つまり、（A）**ビジネスを理解した上で高度なAI・データサイエンスを駆使できる人材**、（B）**AI・データサイエンスの本質を理解して、ビジネス創出が可能な人材**、（C）**MLOps/AIOpsも含め、安定的なEnterprise Analyticsを実現できる人材**の3タイプです。

ここまで本書の中でも度々触れてきた通り、データサイエンスのスキルだけでなくビジネスの視点を合わせ持っているデータサイエンティストが社内にいるかどうかはビジネスの成否に大きく影響します。大手企業だけでなく、大学や専門機関の会合などでも、業界知見×データサイエンス、両方の力がなければ人材としてはなかなか活躍できない、という話はよく耳にします。そういった意味では、（A）の人材はすでにマー

ケットでもその重要性は認知されており、今後ますます希少性が増していくことでしょう。

　(B)、(C) については本章の壁Ⅰ、Ⅱで初めて触れましたが、読者の皆さんはその重要性をすでに理解いただいたと思います。(B) の人材がいなければ、そもそもデータサイエンティストが解くべきビジネス課題の定義も難しく、またデータサイエンティストの分析結果がビジネス的に認められることも難しいでしょう。

　また、(C) の人材がいなければ、分析結果をサービスとして展開しても、モデル精度などをモニタリングすることや、その結果に応じて追加開発を行うことができず、ユーザーにとって価値あるレベルで分析精度を維持することは難しいでしょう。

　(B)、(C) の人材はまだマーケットでの認知は比較的低く、データサイエンティストほどの人材の取り合いは発生していないように感じます。しかし、今後のサステナブルなAI社会を作っていく上では、データサイエンティストだけでなく、この川上・川下の人材を獲得できる企業がAI社会の勝者となっていくことは明白です。データサイエンティスト同様に、各社がこれらの人材の採用戦略を整えていくことが重要です。

■ 3　協業の重要性

　ここまでは、どうやって自社で人材を確保し、定着させていくかという点で話を進めてきました。しかし、ビジネスの現場では必ずしも自社で人材をそろえることが正しいわけではありません。

　わかりやすいところでいえば、AI・データサイエンス特化のベンダーを雇う、AI・データサイエンス領域に強いコンサルティング企業を雇う、などがありますが、より協業を視野に入れた企業間のエコシステム形成も、外部の人材を活用するための方法です。中には、ジョイントベンチャー（合弁企業）を立ち上げ、自社に足りない点を協業先で補完している企業もあります。

　アクセンチュアの調査では、AIを活用するにあたり、自社内開発の

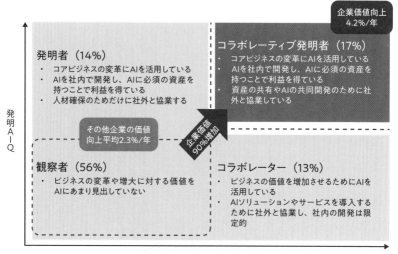

上記AIQについては、フォーチュン・グローバル100社と、アクセンチュアが独自に選出したAI技術やアプリケーションの開発・導入などに積極的な企業100社の両方を対象に実施した調査をもとに定義

みならず、社外とのコラボレーションも行う企業は、そうでない企業と比較し約2倍のスピードで企業価値を向上させていることがわかっています。

　しかし、上記のような外部との協業を実現するためには、競合と比較した際の自社の強みを理解した上で、自社でできること・やるべきことは何なのかを明確にすること、どこまでを自社で実施し、どこからを協業先に任せるのかを見極めることが重要になってきます。そのためには、今まで以上に自社のポジションを研究していかなければなりません。

　また、協業先を選定するにあたっては、自社に足りない要素を持っているか、協業先候補が持っている技術要素が本当に先進的かなど、業界における先進プレイヤーも含めた協業先候補の企業たちの実力を見極める目利き力も必要になってきます。自社で普段から候補先の選定をできるのならば一番良いですが、必要に迫られて目利きを行うことがほとん

どだと思いますので、その際にはいくつかの会社が提供しているAI先進企業リストなども参考にしながら各要素技術に強みを持つ企業や研究団体と連携することも肝要です。

　本章の冒頭でも述べた通り、ここで紹介した内容はビジネスの現場でぶつかる壁のごく一部です。原因の本質や、有効な解決方法も、ケースバイケースで異なってくることでしょう。

　AI・データサイエンス領域での成功の一番の近道はトライアル＆エラーを続けることです。目の前の壁を恐れずに前向きに取り組んでいくことで、壁を乗り越える方法も見つかってきます。その際に、本章の内容が少しでも読者の皆さんの解決の糸口になれば幸いです。

おわりに

　ビジネスシーンにおいてアナリティクス/AIを真に活用するために
は、具体的な手法を理解した上で、次のステップへ向けてビジネス価値
創造のための体制を整える必要があります。
　ビジネス価値を創造し、さらに拡大していくためには、戦略的な行動
を促進するためにリアルタイムでデータ戦略を遂行し、適切な人材ミッ
クス、業務運用モデル、ガバナンスフレームワークを確立して、実証段
階から実用（生産）段階に移行する手法の理解が求められます。この移
行が成功すればAI・データサイエンスの恩恵を受けることができます
が、失敗すれば企業の存続を脅かすことになるかもしれません。

　本書冒頭でも触れましたが、アクセンチュアの調査では、日本企業の
経営幹部の77％（グローバル全体では75％）が、「AIをビジネス全体に効
果的に導入できなかった場合、今後5年以内に廃業に追い込まれるだろ
う」と回答しています。もはやAIは「あった方が良いもの」「経営層の
関心を買うちょっとしたツール」という存在ではありません。AIもデ
ータ戦略もビジネス基盤そのものになりつつあります。より簡単かつ低
コストでテクノロジーが利用できるようになってきている今こそ、企業
は決断し行動に移すべきです。

　AIの本格導入にあたり検討すべき多くの課題がありますが、すぐに
始めるために有用なビジネスケースも存在します。本書の最後に、**AI
ロードマップ**を紹介しましょう。
　AI導入プロジェクトを通して企業がビジネス価値を創造し、さらに
その価値を拡大させるために、AI導入プロジェクトの開始から終了ま
でをモデル化したのがAIロードマップです。

AIロードマップ：本格導入に向けたジャーニー

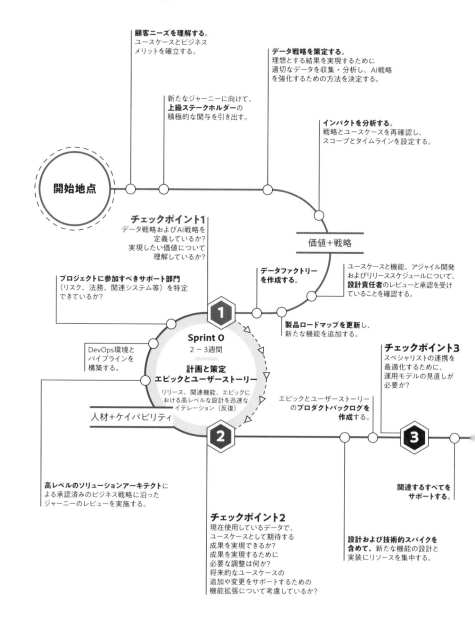

顧客ニーズを理解する。
ユースケースとビジネス
メリットを確立する。

データ戦略を策定する。
理想とする結果を実現するために
適切なデータを収集・分析し、AI戦略
を強化するための方法を決定する。

新たなジャーニーに向けて、
上級ステークホルダーの
積極的な関与を引き出す。

インパクトを分析する。
戦略とユースケースを再確認し、
スコープとタイムラインを設定する。

開始地点

チェックポイント1
データ戦略およびAI戦略を
定義しているか？
実現したい価値について
理解しているか？

価値＋戦略

プロジェクトに参加すべきサポート部門
（リスク、法務、関連システム等）を特定
できているか？

データファクトリー
を作成する。

ユースケースと機能、アジャイル開発
およびリリーススケジュールについて、
設計責任者のレビューと承認を受け
ていることを確認する。

DevOps環境と
パイプラインを
構築する。

Sprint 0
2～3週間
計画と策定
エピックとユーザーストーリー
リリース、関連機能、エピックに
おける高レベルな設計を迅速な
イテレーション（反復）

製品ロードマップを更新し、
新たな機能を追加する。

チェックポイント3
スペシャリストの連携を
最適化するために、
運用モデルの見直しが
必要か？

人材＋ケイパビリティ

エピックとユーザーストーリー
の**プロダクトバックログを**
作成する。

高レベルのソリューションアーキテクトに
よる承認済みのビジネス戦略に沿った
ジャーニーのレビューを実施する。

関連するすべてを
サポートする。

チェックポイント2
現在使用しているデータで、
ユースケースとして期待する
成果を実現できるか？
成果を実現するために
必要な調整は何か？
将来的なユースケースの
追加や変更をサポートするための
機能拡張について考慮しているか？

設計および技術的スパイクを
含めて、新たな機能の設計と
実装にリソースを集中する。

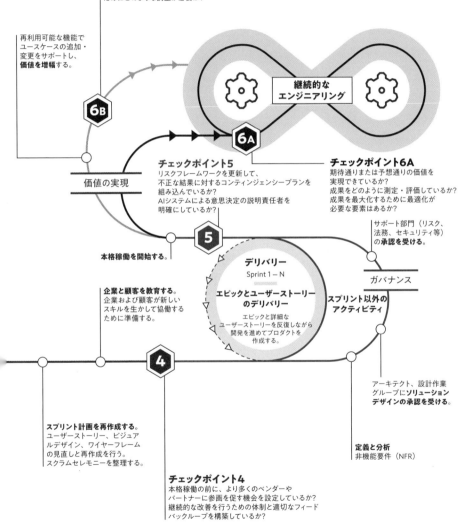

チェックポイント6B
導入したAI機能をすぐに再利用して、
優先度の高い他のユースケースでも
その価値を発揮しているか?
再利用による価値を創出できていない
場合、AI機能の利用範囲を拡大する
ためにどのような調整が必要か?

再利用可能な機能で
ユースケースの追加・
変更をサポートし、
価値を増幅する。

6B

継続的な
エンジニアリング

6A

価値の実現

チェックポイント5
リスクフレームワークを更新して、
不正な結果に対するコンティンジェンシープランを
組み込んでいるか?
AIシステムによる意思決定の説明責任者を
明確にしているか?

チェックポイント6A
期待通りまたは予想通りの価値を
実現できているか?
成果をどのように測定・評価しているか?
成果を最大化するために最適化が
必要な要素はあるか?

5

本格稼働を開始する。

サポート部門(リスク、
法務、セキュリティ等)
の**承認を受ける。**

デリバリー

Sprint 1 − N

**エピックとユーザーストーリー
のデリバリー**

エピックと詳細な
ユーザーストーリーを反復しながら
開発を進めてプロダクトを
作成する。

ガバナンス

企業と顧客を教育する。
企業および顧客が新しい
スキルを生かして協働する
ために準備する。

**スプリント以外の
アクティビティ**

4

アーキテクト、設計作業
グループに**ソリューション
デザイン**の承認を受ける。

スプリント計画を再作成する。
ユーザーストーリー、ビジュア
ルデザイン、ワイヤーフレーム
の見直しと再作成を行う。
スクラムセレモニーを整理する。

定義と分析
非機能要件(NFR)

チェックポイント4
本格稼働の前に、より多くのベンダーや
パートナーに参画を促す機会を設定しているか?
継続的な改善を行うための体制と適切なフィード
バックループを構築しているか?

価値の定義と強固なAI戦略の策定、AIケイパビリティの適切な統合、最適な人材ミックスの検討、適切なガバナンスと倫理パラメータの設定などを含む、AIユースケースの本格導入までの道のりを解説しています。

　もちろん、本格導入の成功がゴールではありませんが、企業が継続的なエンジニアリングおよび最適化、新しいユースケースへの機能拡張を通じて、AIの本格導入における価値を拡大するために必要な道のりをAIロードマップの構成要素に沿って順に確認していきましょう。AIロードマップは「価値＋戦略」「人材＋ケイパビリティ」「ガバナンス」「価値の実現」という4つのステップと、その途中の6つのチェックポイントで成り立っています。

■ STEP1　価値＋戦略

　まずは「価値＋戦略」を定めるステップ。ここは自社とAIを導入したサービスのユーザー（顧客だけでなく、ときには自社の社員やパートナー企業の社員かもしれません）にとってAI導入がどのような価値を持つか、そしてそれをどのように実現するかを決定するステップです。AIがユーザーにもたらす価値を、UX（User Experience）の観点から検証し、また、ユーザー部門を主管する上位のステークホルダーの意見を踏まえながら合意形成を図ります。

　例として顧客からの問い合わせ対応にチャットボットの導入を検討する場合を考えてみましょう。この会社では、コールセンターが電話とメールで顧客からの問い合わせを受け付けています。しかし、繁忙期は電話が取り切れなくなったり、メールの処理が滞ってしまい顧客への返信に数日かかってしまうことも珍しくありません。これによって顧客もコールセンターのオペレータも不自由さ・不便さを感じています。この問題を解決すべくチャットボットを導入する場合に、以下を行う必要があります。

・どのような顧客がこのサービスを使いたいと考え、どういったメリットを感じるでしょうか。チャットボットの導入では、顧客に若年層や

日中仕事を持っているビジネスパーソンが多い場合は有効かもしれませんが、高齢者が多い場合は利用が限られてしまうかもしれません。このようなニーズについて、コールセンターを運営している担当者や、さらに高位の顧客対応の責任者と会話しながら、導入の意義と効果の認識を合わせていきます。

・AIの導入にあたっては、学習データの準備が必要です。このデータの準備と、継続的な学習でAIの精度を向上させていくための戦略を策定しましょう。チャットボットの導入であれば、顧客からどういった問い合わせが多いのか、顧客はどのような表現で問い合わせるのかを分析します。これによって、問い合わせ数が多く、チャットボットですぐに実装できるものを中心に対応していくプランを作ることができるでしょう。また、データが不足しているなどを理由に、開発のスコープから外れたものについては、データを集める方法、いつ頃実現を目指すのか、プランを立てます。

・AIのシステム構築は、古典的な業務用のシステムなどとは異なり、アジャイル開発[19]を行うケースが多くあります。AIは学習を行うことで精度が向上しますが、どの程度学習すればどれくらいの精度になるのかを最初から予測することは困難です。そのためAIの精度に合わせて柔軟にシステムを改修・拡張する必要があります。つまりAI導入プロジェクトでは、AIのトレーナーと、AIを利用するシステムの開発者でアジャイル開発のチームを構築する必要があるということです。このチームについても、どのようなメンバーで構成するか、いつ頃どういった機能をリリースするかのスコープとタイムラインを設定し、それに沿ったロードマップを作成します。

上記の作業が完了したことをチェックポイント1で確認して次のステップに進みましょう。

■ STEP2　人材＋ケイパビリティ

ステップ2では、前のステップで決めたプランに従い、実際にAIの開発を行っていきます。ただし、前のステップで述べたとおりAI開発

はアジャイル方式を用いて、継続的に価値を高める開発をしていくので、最初のスプリント（1週間から数週間単位の短い開発期間の単位）を実行する段階で、必要な仕組みを下記の観点で確認します。

- プロジェクトに参加すべきサポート部門は巻き込めているのかの確認を行います。AIの導入はデータの活用が前提ですが、企業が持っているデータは、取得した目的によって利用の範囲が制限されていることがあるため、AIに学習させるデータの利用は法律上問題がないか、また法律的に問題がない場合でも顧客の感情に照らし合わせて自社のレピュテーションに対するリスクがないかも確認しておくべきでしょう。
- ビジネス戦略に沿った形で、AI開発を継続的に実施する仕組みが実現できるかの確認を行います。画像認識、音声認識、自然言語認識などのAIを開発するには大量の学習データが必要ですが、これを収集することはクラウドベンダーが長けており、クラウドベンダーは学習させたAIをクラウドサービス上にWeb APIとして公開しています。

　AIがクラウド上にあるならば、それを利用するシステムもクラウド上に構築するのが自然です。しかし、クラウドベンダーが提供するAIは、クラウドベンダー各社が高い頻度で機能改修や学習による精度向上を行っているため、プロジェクトの初期段階で選定したクラウドベンダーのAIが実現すべき業務にとって最適な選択であり続けるとは限りません。そのため、拡張性と柔軟性があるAIシステムを構築するのに向いたシステムアーキテクチャを用意する必要があります。また、AIそのものの継続的なアジャイル開発を行うための仕組み、いわゆるMLOps/AIOpsの仕組みも備えておくべきでしょう。そのためには、ビジネスゴールを理解しながら高度なAIアーキテクチャを策定できる人材がプロジェクトに参画することも重要です。

　先述の通り、アクセンチュアではこれらの仕組みを備えたAIシステム開発用プラットフォームであるAI Hubプラットフォームを用いてAIシステム開発を行っています。

　これらの準備ができたことをチェックポイント2で確認しますが、もし十分に準備が整っていなければ、チェックポイント1に戻って準備を整えてください。

　準備が整ったら、引き続きステップ2を進めましょう。ここからは技術的な実装が始まります。

・AI導入における価値のコアとなる部分を実装し、これがステップ1で見定めた価値を本当に実現できそうか確認します。チャットボットの例でいえば、特に顧客ニーズが多いと思われるシナリオを実装するとともに、実際にユーザーが利用すると考えられるユーザーインターフェイス（WebやSMS、LINEなど）で実際にチャットを行い、ユーザビリティも含め、想定したものが実現できそうかを見極めましょう。

・この時点で実現しているコアの機能は限定的なものなので、実際にユーザーに提供する際に必要となる様々な機能を、プロダクトバックログ[20] として切り出し、ステップ1で定義したロードマップに従って優先順位をつけます。

　上記ができた段階でチェックポイント3に移ります。ここではバックログで識別した機能を実現するために必要なスペシャリスト、例えばAIエンジニアや、UXデザイナー、または連携するシステムの有識者がプロジェクトに参画しているか、またプロジェクトのどの段階でそれらのスペシャリストに参加してもらうのかといった、プロジェクト運営とシステム運用のモデルを再検証しましょう。

　次に前述のプロダクトバックログを実現するスプリントを計画します。

・各スプリントでプロダクトバックログの何を実現するかを計画し、スプリントが終わる毎にアウトプットをプロダクトオーナーと確認します。また、スプリントの振り返りを行い、次のスプリントでやるべきことの確認をメンバーと行います。

・スプリントの計画と並行して、AIを導入したときに変更される運用手順について、顧客行動はどのように変わるのか、また、そのとき社

員はどういった行動をとるのかを確認し、新しい運用を実行するための準備を始めます。

ここでチェックポイント4を迎えます。スプリントの実行、および新しい業務運用では、これまでの自社のリソースだけで対応できないものや、時間がかかりすぎるものもあります。AIを導入して新しいサービスを実現するには、より多くのベンダー・パートナーと協力する体制を築き、継続的な改善を行うための体制が整えられているかチェックするとよいでしょう。

■ STEP3　ガバナンス

さて、これでスプリント計画が整えられたので、ステップ3として実際にスプリントを回しながらAIシステムの開発を進めていきます。この段階では開発における「ガバナンス」の面にも注意を払いましょう。

・AIシステムの非機能要件が定義できているかの確認が必要です。システムの利用者数やサービス提供時間に応じて十分なシステムキャパシティが確保され将来の利用者数増加にも耐えられるか、利用者数が急増した際に対応できるか、セキュリティインシデントやトラブルに備えた監視・リカバリプランは定義できているか……こういったことについてシステムアーキテクトや情報システム部門から承認を得ましょう。

・ステップ2でプロジェクトに巻き込んだサポート部門にも確認を取りながらスプリントを進めましょう。AIの学習に使用するデータのセキュリティや、学習データの偏り、アルゴリズムの特性よって、一部の人に不利益を生む偏った結果や、説明不可能な結果を産み出していないでしょうか。第7章で触れた"責任あるAI"の観点でもチェックを行います。

チェックポイント5では上記が確認できているかを振り返り、AIシステムによる意思決定を説明する責任者と、仮にAIが不正な結果を生

おわりに

んだ際のコンティンジェンシープランを定義しておきましょう。

■ ＳＴＥＰ４　価値の実現

　ここまでの３つのステップを経てAIシステムは本格稼働を開始します。しかしAIシステムの開発はこれでおしまいではありません。前述の通り、AIシステムはAIが継続的に学習することで精度を向上し、より大きな価値を実現するシステムです。そのため、AIシステム運用のステップ4においても、継続的なエンジニアリングを行いつつ、2つのチェックを実施します。

　チェックポイント6Aでは当初期待していた効果が十分に発揮できているかを確認しましょう。AIの精度は継続的な学習の結果として向上しているのか、それによってビジネス効果を生み出せているのかをAIの精度や利用率、顧客満足度などの指標を用いて定性的・定量的両面から測定します。

　また、本格稼働を開始したAIシステムが当初予定した価値を発揮できているならば、さらに別のユースケースにおいても活用を検討しましょう。

　チェックポイント6BではAIシステムの利用範囲を拡大することによって、価値実現の効果拡大を図ります。例えば顧客向けに用意したチャットボットの仕組みは、より広範囲な問い合わせに対応できるように拡張するだけでなく、より積極的にマーケティングに活用することも考えられます。そのシステムアーキテクチャを転用して顧客だけでなく社員やステークホルダー向けにもサービスを展開することも考えられるでしょう。いずれの場合においてもステップ1～3で準備した高度なシステムアーキテクチャやスプリントの体制、サポート部門の体制があってこそ、さらなる価値の拡大が実現できます。

　読者の皆さんも、AIロードマップに沿って自社のAIプロジェクトを評価してみましょう。各チェックポイントの質問に答えながら、データ、人材、インフラ、組織全体について、成功するために必要な準備が

259

整っているかどうかを確認してください。概念実証（PoC）段階にあっても、すでにAIの本格導入段階であっても、AIへの取り組みからより大きな価値を実現するために採用すべき具体的な手順があることを確認しましょう。

　企業がAIロードマップを正式に定義し、業務への落とし込みを迅速かつ確実に行い、いち早く実用段階に移行することこそが、成功の鍵となるのです。

　2020年7月

保科 学世

注釈

1. AIエンジン（第1章）

企業が無償/有償で提供している、画像認識や音声認識などの予測や識別に関する機能をAPI形式で利用するサービスを総称して、AIエンジンと呼びます。

2. データ利用範囲の規約（第2章）

企業がユーザーから収集したデータを利用する場合、法律上、その利用は個人と企業間で締結した規約の範囲内に収める必要があります。特に2018年にEUで施行されたGDPR（General Data Protection Regulation：一般データ保護規則）や、Facebookに代表されるSNS提供企業における近年の個人情報の流出問題などを受け、データ利用（とりわけ個人情報）の扱いにはセンシティブになる必要があります。

3. 相関係数・相関分析（第2章）

相関係数は$-1 \sim 1$の値をとり、-1に近いほど負の相関関係が強く、1に近いほど正の相関関係が強いとされています。相関係数の統計的な有意性を確認する場合には、2つの変数は無相関であるという帰無仮説を置き、t分布を用いた検定を実施する必要があります。

4. F検定（第3章）

F検定は2つのデータ群のばらつきが等しい（等分散）かどうかを検証することを目的としている検定です。回帰分析においては、回帰式によって説明できる目的変数の変動分が有意であるかを確認するために使用されます。

5. 決定係数（第3章）

決定係数は実データに対するモデルの当てはまりの良さを評価する指標です。0～1までの値をとり、決定係数が1に近いほど回帰式が実際のデータに当てはまっているといえます。

6. 偏差平方和（第3章）

集団の平均値と各標本の値の差（偏差）を2乗した値を、すべて足し合わせた指標です。主にデータのばらつきを把握するための指標として用いられます。

7. データエンジニアリングのスキル（第4章）

データサイエンティスト協会の2019年度版のスキル定義委員会活動報告によると、データエンジニアリング領域では、ITセキュリティ、データの収集・構造・蓄積・加工・共有、環境構築やプログラミングに関するスキルが挙げられています。総じて、各種のデータを分析に使用しやすい形に加工・集計し実装、運用が行えるようにする力を指します。

8. エントロピー（第4章）

エントロピーとは「事象の不確かさ」を表す指標であり、決定木分析のアルゴリズムの中には、エントロピーを指標としてノードの分割を行うものがあります。決定木分析においてはエントロピーが低いほどノードの純度は高くなります。ジニ係数を用いた決定木分析のアルゴリズムが2分岐を前提としているのに対して、エントロピーを用いたアルゴリズムでは多分岐が可能です。ただし、モデルが複雑になる傾向もあるので、使用する際は注意が必要です。

9. カイ二乗検定量（第4章）

統計検定で用いているカイ二乗検定量を用いて、ノードの分割を

行う決定木アルゴリズムも存在します。エントロピーを用いたア
ルゴリズム同様、カイ二乗検定量を用いたアルゴリズムも多分岐
に対応しています。

10. 分散処理 （第4章）

処理速度の向上を目的に、1つの処理を分散されたリソース上で
実施することを分散処理といいます。機械学習の発展や、クラウ
ドベースの分析基盤サービスの普及にともなって、企業で活用さ
れるケースが増加しています。

11. 復元抽出 （第4章）

母集団から標本（サンプル）を抜き取ることを標本抽出、あるい
はサンプリングといいます。復元抽出とは、複数回の抽出を行う
際に、抽出した標本を毎回、母集団に戻し再度抽出を行う手法の
ことを指します。

12. ブートストラップ （第4章）

復元抽出によって多数のデータセットを作成し、それぞれのデー
タセットから統計量（平均、中央値、分散等）を計算することで、
母集団における統計量を推定する手法をブートストラップと呼び
ます。母集団におけるデータのばらつきを推定したり、限られた
データセットから母集団の傾向を推定するための手法として使わ
れます。

13. 標準化 （第4章）

特徴量の平均を0、分散を1にする変換のことを標準化と呼びま
す。類似の特徴量加工としては、値の範囲を任意の範囲（主に0
〜1、−1〜1など）に収める正規化という手法も存在します。

14．フレーム（第4章）

動画は連続して並べた静止画像を入れ替えて表示することで成り
立っており、この1枚1枚の静止画像のことをフレームと呼びま
す。

15．平均絶対誤差（第4章）

予測値と実測値の差の絶対値の平均のことを、平均絶対誤差
（MAE：Mean Absolute Error）といいます。

16．BiasとVarianceの両観点での評価（第4章）

数学的にもモデルの予測誤差は、学習データに対する当てはまり
の良さ（Bias）と未知のデータに対する予測誤差（Variance）、観測
誤差（Noise）に分解することができます。

$$Err(y|x) = E[(y - \hat{f}(x))^2]$$

$$Err(y|x) = Bias^2 + Variance + Noise$$

$$= \underbrace{\{\hat{y} - E[\hat{f}(x)]\}^2}_{\textbf{Bias}} + \underbrace{\frac{\sum\{\hat{f}_i(x) - E[\hat{f}(x)]\}^2}{N}}_{\textbf{Variance}} + \underbrace{\sigma}_{\textbf{Noise}}$$

17．サムネイル画像（第6章）

動画などを表示する際に、視認性を高めるために縮小されたもの
をサムネイル画像と呼びます。一般的に、その動画の内容がわか
るような画像が用いられます。

18．Chainer（第6章）

Preferred Networks が開発したニューラルネットワークの計算お
よび学習を行うためのオープンソースのソフトウェアライブラリ
です。2019年12月に Preferred Networks は研究開発基盤を自社開
発の Chainer から PyTorch に順次移行することを表明し、Chainer

はメンテナンスフェーズに移行しています。

19. アジャイル開発（おわりに）

ソフトウェアなどの開発における各フェーズを複数回繰り返しながら行う手法を指します。開発サイクルの後戻りを許容しながら進めるため、開発開始後も柔軟に改修・拡張を行う必要がある案件に適した手法とされています。

20. プロダクトバックログ（おわりに）

ソフトウェア開発プロジェクトで用いられる作業計画の一種であり、機能や技術的改善要素に対して優先順位を設定したものを指します。

索引

執筆者紹介

■ 保科　学世（ほしな・がくせ）

アクセンチュア ビジネス コンサルティング本部 AI グループ日本統括 マネジングディレクター

慶應義塾大学大学院理工学研究科博士課程修了 博士（理学）。

AI・アナリティクス部門の日本統括、およびデジタル変革の知見や技術を結集した拠点「アクセンチュア・イノベーション・ハブ東京」の共同統括を務める。AI HUB プラットフォームや、業務領域ごとに体系化した AI サービス群「AI パワード・サービス」、需要予測・在庫補充最適化サービスなどの開発を手掛けると共に、アナリティクスや AI 技術を活用した業務改革を数多く実現。『AI フロンティア』（監修、日本経済新聞出版）、『HUMAN+MACHINE』（監修、東洋経済新報社）、『データサイエンス超入門』（共著、日経 BP）、『データ・アナリティクス実践講座』（監修、翔泳社）など著書多数。厚生労働省 保健医療分野 AI 開発加速コンソーシアム 構成員など歴任。

■ 中畑　良介（なかはた・りょうすけ）

アクセンチュア ビジネス コンサルティング本部 AI グループ シニア・マネジャー

大阪大学大学院修了後、2010 年アクセンチュア入社。入社時より一貫してデータサイエンスを活用した企業のデジタル改革を支援。現在は、保険等の金融業界や小売業界を中心に、新規データサービス企画や CRM・マーケティング改革、分析組織立上げ・育成等の領域に注力。

■ コーネット　可奈（こーねっと・かな）

アクセンチュア ビジネス コンサルティング本部 AI グループ シニア・マネジャー

九州大学大学院修了後、2012 年アクセンチュア入社。データサイエンス案件に業界横断的に従事し、金融業界の顧客分析・小売業界の需要予測・官公庁のデータ観光戦略・デジタルトランスフォーメーション人材育成プロジェクト等に参画。社会貢献活動としてプログラミング教室や大学生向けデータサイエンス講座の講師も務める。

■ 牧之段　浩平（まきのだん・こうへい）

アクセンチュア ビジネス コンサルティング本部 AI グループ マネジャー

東京大学大学院修了後、2012年アクセンチュア入社。小売業界や通信業界へのデータ分析プロジェクトを経験後、現在は航空・旅行業界を中心に、データ分析を活用したマーケティング・オペレーション改革のプロジェクトに従事。20名超の分析チームのリーダーを務める。

■ 右衛門佐　誠（よもさ・まこと）

アクセンチュア ビジネス コンサルティング本部 AI グループ プリンシパル

大阪府立大学大学院博士後期課程修了後、群衆行動を分析するベンチャーを経て2016年にアクセンチュア入社。Deep Learning を用いた SNS 分析や画像分析などのプロジェクトに参画。現在は AI 技術を活用した新規事業立ち上げなど企業の AI 利用促進に注力。

AI グループは、アクセンチュアのビジネス コンサルティング本部で AI 技術やデータサイエンスを駆使し、業界横断でイノベーションを創出している専門家集団です。

■ アクセンチュアについて

アクセンチュアは、ストラテジー & コンサルティング、インタラクティブ、テクノロジー、オペレーションズの領域で、すべてにデジタルの力を組み込んだ幅広いサービスを提供する世界最大級の総合コンサルティング企業です。世界最大の規模を誇る先端技術とインテリジェント・オペレーションセンターのネットワークに裏打ちされた40を超す業界に向けて、豊富な経験と専門スキルを生かしたサービスを提供しています。アクセンチュアでは、世界120カ国以上のお客様に対して、51万3,000人の社員による継続的なイノベーションによって、お客様のパフォーマンス向上と、永続的な価値創出を支援しています。

アクセンチュアの詳細は www.accenture.com を、アクセンチュア株式会社の詳細は www.accenture.com/jp　をご覧ください。

アクセンチュアのプロが教える
AI時代の実践データ・アナリティクス

2020年 8 月21日　1版1刷
2021年10月27日　　 2刷

編著者　　　保科学世
　　　　　　アクセンチュア ビジネス コンサルティング本部 AIグループ

発行者　　　白石　賢
発　行　　　日経BP
　　　　　　日本経済新聞出版本部
発　売　　　日経BPマーケティング
　　　　　　〒105-8308　東京都港区虎ノ門4-3-12

ブックデザイン　山之口 正和(OKIKATA)
DTP　　　　　朝日メディアインターナショナル
印刷・製本　　三松堂

ISBN 978-4-532-13506-5
ⓒAccenture Global Solutions Limited,2020